傳統講院學人 學習用

初發心自警文

林一休 編譯

초발의보살初發意菩薩이여!

초전법륜初轉法輪. 처음으로 미망의 세간에 법륜을 굴리시다. 이로부터 다섯 명의 출가 수행자가 석가모니 부처님과 함께 고로古路를 열기 시작한 이래 오늘날까지 이천오백여 성상을 거듭하여 왔다. 심사방도尋師訪道하고 의단발분疑團發奮으로 정진해온 수행가풍은 그 헤아림이 얼마이던가.

고승은 가고 초발의행자는 또 오고 온다. 가는 사람은 그렇더라도 오는 사람은 어떠한가. 무얼 어쩌려고 출가出家하는가?

『미란타왕문경』에서 이르고 있다, "왕에 대한 공포에서 피하기 위하여, 도적에 대한 공포에서 피하기 위하여, 빚에서 피하기 위하여 또는 생활을 위하여 출가하는 이도 있으나, 바르게 출가하는 이들은 오직 어떤 집착도 남기지 않는 완전한 평온(니르바나: 열반)의 경지를 얻기 위하여 출가한다"고. 이러함을 볼 때 초발심자경문은 '무언가 뜻을 가지고 출가한 이들을 위한 옛 존숙尊宿들의 노파심절老婆心切한 가일편加一鞭의 발로일 것이다. 이 글은 후대 참학자에게는 첫걸음을 제대로 옮겨 놓게 하는 이정표요, 어두운 밤중의 횃불과도 같을 것이다. 모처럼 보리의 마음을 낸 행자行者들에게 옛 어른들의 완곡한 말씀은 얼마나 눈물겨운가. 이 뜻은 결코 잊혀지지 않을 것이다.

본문은 세 편의 글로 이루어지고 있다. 먼저 계초심학인문誡初心學人文은 고려 중엽 내부적으로 수행풍토가 해이해져 가는 데에 대한 보조지눌普照知訥 스님의 결사結社에 임하는 발원이자 후학에 대한 마음 깊은 당부이다. 발심수행장發心修行章은 삼국시대의 통일전쟁의 와중에서 사회적 명리를 훌훌 떨쳐버리고 치문緇門에 들어 크게 깨치신 원효元曉 스님의 납승衲僧들에게 수행공덕과 즐거움을 설파한 청량한 가르침이다. 자경문自警文은 고려밀 야운野雲 스님이 수행의 열 가지 문을 시설施設하여 수행자에게 자상하게 경책한 글이다. 치문경훈의 난삽한 문장에 비하여 너무나도 간결하고 명쾌하면서도 은근히 선법禪法 닦기를 권하고 있다.

이 글들은 예전부터 강원교재로서 출가인이라면 누구나 의무적으로 한 번쯤은 보았을 글이다. 부처님의 가르침을 배우는 데는 팔만 사천의 경문이 있거니와 그 중에는 석가세존의 호흡이 가까이 느껴지는 아함경이 있고 삼천대천세계의 대교향악인 화엄경이 있는가 하면 수순중생하는 비유의 방편지를 펼친 법화경도 있고, 굳고굳게 허상에 갇힌 중생의 청정심을 해탈시켜주기 위해 설한 금강반야바라밀경 등도 있다.

이러한 경전들이 무명이 드리워진 치백緇白들의 마음을 일깨워주고 있지만 오늘날 중하근기인들은 정보의 양이 많아 지식의 창고는 크지만 반면에 각행覺行은 여의치 않아 나아감에 길이 자꾸 어긋난다. 이러할 때 가행정진의 채찍이 되는 것은 다름아닌, 바로 이 초발심자경문初發心自警文일 것이다.

수행자는 지식을 채우는 자가 아니고 실천행을 통해서 지식을 체득하여 자증自證의 지혜를 발현함으로써 연기緣起의 상대적 세계에 자유로이 나아가는 자이다. 오늘날 화엄을 논하고 담선법회談禪法會도 꽤나 베풀어지지만 여전히 이 초발심자경문에 발목을 잡히지 않을 이는 드물 것이다. 육조 혜능六祖惠能 스님도 말씀하였다: "절에 있으면서도 수행하지 않으면 마치 서방정토에 있으면서 마음이 악한 것과 같다"고.

부디 '초발의初發意'를 잃지 않기를…

경산강숙京山講塾 원년 2005년 4월 청명일
巢輝堂 單間方丈에서 林一休 적다

일러두기

이 책은 安震湖編『懸吐私記初發心自警文』(甲本)과 弘文閣 發行 影印本『誡初心學人文·發心修行章·野雲自警』(乙本)을 主로 하고,『大正新修大藏經』과『韓國佛敎全書』를 참조하여 교정한 본이다.

'초심初心'에서 갑본甲本의 '찬패축원讚唄祝願'의 '祝'자를 을본乙本을 대조하여 '呪'자로 바로 잡았으며, '발심수행장發心修行章'에서 갑본甲本의 '해동사문海東沙門'은 '분황사사문芬皇寺沙門'으로 명기하였으며, 상이한 몇 곳은 제본을 대조 본의本義에 적합하도록 교정하였다.

'자경문自警文'은 실제 제목이 아니고 본문격인 '자경십문'의 서문으로서 을본乙本에서는 '자경서自警序'가 나와 있을 뿐이다. 88쪽의 '냉각인정영불고冷却人情永不顧'도 고본古本인 '을본'과 '전서'에는 없으나 갑본甲本에만 있는데, 의미와 형식[對句]상 타당하다고 여겨지기에 ( )를 표기하였다. 또한 해석상 원문元文은 없으나 문의文義를 잘 드러내고자 '삽입한 곳은' ( )로 처리하였다. 또한 갑본甲本과 다른 글자의 표기는 '移乙', '當乙', '幻乙', '所乙' 등으로 '을본乙本' 출전임을 표기하였다.

이체자異體字 등은 초심자에게 혼란을 초래할 우려가 크기에 정자를 원칙으로 하여 새겼다(예: 疎→疏, 着→著, 飡→餐 등).

또 구결(입말)을 다는 원칙으로는, '주어+서술어'의 단문장은 (주격조사 '는') 달지 않았고(예: 大者는 爲兄하고→大者爲兄하고), 동사문에는 '하다' 어미로, 명사문에는 '이다/이라' 조사로 감탄문에는 '랴/는가', 의문문에는 어말어미 '아/가'로, 형용사문에는 의미에 따라 동사/명사문의 준거에 따랐다.

책 끝에 근대 우리 불교의 선구자인 경허성우鏡虛惺牛 스님의『오도가悟道歌』를 덧붙였다.

文人學心初誠

목우牧牛의 결사結社

　　보조지눌普照知訥 스님은 고려 의종毅宗 12년(1158)에 경서동주京西洞州(지금의 황해도 서흥군)에서 당시 국학의 학정學正(국자감 정9품)인 정광우鄭光遇와 개흥군부인開興郡夫人 조씨趙氏와의 사이에 태어났다. 사師는 어려서 잔병치레를 많이하였으나 약을 써도 별로 효험이 없어 절에 맡겨 연명시키고자 아예 출가시켰으니 8세 때였다. 당시 구산선문九山禪門 가운데 사굴산闍崛山계의 종휘선사宗暉禪師에게 출가하여 사문이 되었다. 입산 후 수학정진하다가 명종明宗 2년(1182) 25세 때 승선僧選에 합격하였다.

　　이때 개경開京의 보제사普濟寺의 담선법회談禪法會에 참여하고나서 도반 10여 명과 일탈해가는 당시 불교계에 대하여 개탄하고 정법수행의 기강을 세우려는 결사結社의 뜻을 세우니, 지눌 저 『권수정혜결사문勸修定慧結社文』에 "임인壬寅(1182) 정월에 서울 보제사普濟寺의 담선법회談禪法會에 참여하였다. 하루는 동학 10여 명과 약조하기를, 법회가 끝난 뒤 명리名利를 버리고 산림에 은둔하여 함께 결사結社하여 항상 정定을 익히고 혜慧를 고르는 데 힘씁시다. 예불하고 경전을 보며 힘써 울력運力함에 이르기까지 각자 소임所任에 따라 경영하고 인연을 따라 자성을 잘 길러서 평생을 자유로이 유행遊行하며, 달사達士와 진인眞人의 고매한 수행을 좇는다면 어찌 흔쾌하지 않겠는가?"고. 이후 사師는 결사를 준비하기 위하여 남행하여 창평昌平 청원사淸源寺 정진 시절 『육조단경六祖壇經』에서 '진여자성眞如自性의 자재自在함'에 대하여 크게 깨쳤으며, 명종15년(1185) 하가산下柯山 보문사普門寺에서 삼년 수행중 『화엄경』을 열람하다가 '마음이 부처'라는 명제가 「여래출현품」의 "여래의 지혜도 또한 그와 같아서 중생들의 몸가운데 갖춰져 있다"는 귀

절에서 계합됨을 깨쳤으니 선교禪敎의 일치점을 자증自證하였으며, 신종 원년(1198)에 지리산 상무주암上無住庵에서 2년여의 정진중『대혜보각선사어록大慧普覺禪師語錄』을 읽다가 잔재하였던 어로語路의 지해知解를 척결하고 '간화경절문看話徑截門'을 세우게 된다.

이러한 깨침을 바탕으로 하여 일어난 '정혜결사定慧結社'운동은 동토冬土에 매화梅花의 기운이 돋듯이 멈춰질 수가 없는 것이었다. 희종熙宗은 '조계산曹溪山' 명과 '수선사修禪社'의 현판과 가사를 내려 조계曹溪의 문을 크게 열어주었으니 그 해가 1205년이었다.

"우리들이 아침, 저녁으로 짓는 행적을 돌이켜보면 불법佛法을 내세워 핑계대며 아상我相과 인상人相을 장식한다. 이양利養의 길에서는 구차하고 용렬하며 풍진風塵 세상에서 부침浮沈하고, 도와 덕은 닦지 않고 옷과 먹을 것만 허비하니 설령 출가하였다고 하나 무슨 공덕이 있겠는가. 슬프다. 무릇 삼계三界를 떠나려 하면서도 미처 속세의 행동거지를 끊지 못하느니, 보람없구나! 사내의 몸이 되었으면서도 장부의 뜻이 없어, 위로는 큰 도弘道를 이지러뜨리고, 아래로는 만생령에 이롭지 못하며, 중간으로는 네 가지 큰 은혜四恩를 저버리니 참으로 부끄럽도다. 나는 길이 탄식한다……."

이러한 이유로 시작되는『권수정혜결사문』을 인쇄하여 반포하고 사원寺院에서의 생활규준인『계초심학인문誡初心學人文』을 저술한다. 이 글은 '정혜결사定慧結社'의 청규淸規로서 사원대중의 일상생활을 경책警策하는 것이다. 오늘날까지 우리 불교가 연면連綿하여 옴에 내적인 자량資糧으로서의 역할이 그 얼마이던가?

誡初心學人文

海東沙門 牧牛[1]子 述

夫[2] 初心之人은 須遠離惡友하고 親近賢善하며 受五戒十戒[3]等하여 善知持犯開遮[4]하라 但依金口聖言하고 莫順庸流妄說이어다

旣已[5]出家하여 參陪淸衆이어든 常念柔和善順하되 不得我慢貢高[6]어다 大者爲兄하고 小者爲弟니라

誡[계] 경계하다. 須[수] 모름지기, 하지 않으면 안 된다는 강한 어기사.
戒[계] 스스로 조심하고 삼가다. 持[지] 지니다, 보존하다. 犯[범] 범하다.
遮[차] 덮다, 막다. 莫[막] 하지 말라, 없다. 順[순] 따르다.
庸[용] 용렬하다, 평범하다. 妄[망] 망령되다, 진실되지 못하다.
旣[기] 이미, 진작. 參[참] 뒤섞이다, 참여한다.
陪[배] 쌓아올리다, 보태다, 따르다. 柔[유] 부드럽다.
慢[만] 게으르다, 오만하다. 貢[공] 공물, 전하여 높히다.
爲[위] 위하다, 되다.

계초심학인문

해동사문 목우자 지음

무릇 처음 발심한 사람은 모름지기 나쁜 벗은 멀리 여의고 어진 사람을 가까이 친하며, 5계와 10계 등을 받고 지키고 범하되 계를 파할 수 있을 때와 결코 파할 수 없을 때를 잘 알아야 한다. 오직 부처님의 성스러운 말씀에 의지할지언정 용렬한 무리의 망령된 말을 따르지 말라.

이미 출가하여 청정한 대중의 일원이 되었으면, 부드럽게 화목하며 잘 순응함을 항상 생각할지언정 아만심으로 제 잘난 체하면 안 된다. 나이 많은 이는 형이 되고 적은 이는 아우가 된다.

[1] 牧牛[목우] 소[牛]는 본래 가지고 있는 불성인 '본래 면목'에 대한 비유이다. 소를 친다는 것은 본래 면목을 드러내는 수행과정을 상징적으로 비유하는 것이다.
[2] 夫[부] 어기조사로서 구(句) 첫머리에 쓰이며 어떤 문제에 대하여 의논하려 함을 나타내고 '우리는 반드시 알아야 한다', '알고 있듯이'의 의미를 가진다. 지시대사로부터 회화한 것으로, 굳이 번역할 필요가 없지만 미묘한 어감은 전달되어야 하므로 '대저', '무릇', '대개'로 해석한다.
[3] 十戒[십계] 사미와 사미니가 지켜야 할 열 가지 계율. 오계에다 ⑥ 不著香華鬘(불착향화만), ⑦ 不歌舞倡伎 不往觀聽(불가무창기 불왕관청), ⑧ 不坐高廣大牀(부좌고광대상), ⑨ 不非時食(불비시식), ⑩ 不捉持生像金銀寶物(불착지생상금은보물)를 더하여 열이 된다.
[4] 開遮[개차] '개(開)'는 행위를 용서하는 것. '차(遮)'는 행위를 금지하는 것. 예컨대 위험에 처한 사람을 구하려 할 때는 계율을 파해도 되며[開],

儻有諍者어든 兩說和合하여 但以慈心相向이언정

不得⁷惡語傷人이어다

若也⁸欺凌同伴하여 論說是非인댄 如此出家는 全無利益이니라

財色之禍는 甚於⁹毒蛇하니 省己知非하여 常須遠離어다

無緣事則 不得入他房院하며 當屛處에는 不得强知他事하며 非六日¹⁰이어든 不得洗浣內衣하며

儻[당] 만일, 혹시. 諍[쟁] 다투다, 말다툼하다.
以[이] …으로써, 가지다. 向[향] 대하다, 마음을 기울이다.
傷[상] 상처를 입히다, 괴롭히다. 欺[기] 속이다.
凌[릉] 큰 언덕, 업신여기다. 伴[반] 짝하다, 동반자. 禍[화] 허물.
甚[심] 지나치다. 省[성] 살펴보다, 반성하다. 蛇[사] 뱀. 非[비] 허물.
屛[병] 가리워 막는다. 强[강] 억지로. 洗[세] 씻다. 浣[완] 빨다.

만일 다투는 이가 있으면 양쪽의 주장이 화합되게 하여, 다만 자비로운 마음으로 서로 대하게 해야지 나쁜 말로 남을 괴롭혀서는 안 된다.

만일 도반(道伴)을 속이고 업신여기며 사리를 논하여 옳고 그름을 가린다면, 이와 같은 출가는 전혀 이로움이 없다.

재물과 색심의 화(禍)는 독사보다 심하니, 자기 자신을 살펴서 허물을 알아 항상 멀리 여의어야 한다.

볼일이 없으면 다른 방이나 요사당우에 들어가지 말아야 하며, 가려는 곳에 닥쳐서도 굳이 알려고 하면 안 된다. 6일이 아니면 내의를 세탁할 수 없으며,

때론 죽임을 당하더라도 계율을 굳게 지키는 것[遮]을 말한다.
[5]旣已[기이] 복합부사로 '이미'라고 해석한다.
[6]貢高[공고] 복합동사로 '높이다', '교만하다'로 해석하기도 한다.
[7]不得[부득] '得'은 조동사로서 '…해야 한다'는 완곡한 뜻이 있다. 따라서 '…하면 안 된다'라고 해석한다.
[8]也[야] 어기조사로 강조를 나타낸다. '…면'이라고 해석하기도 한다.
[9]於[어] 전치사로서 비교하는 대상을 나타내며 '…보다', '…에 비해'로 해석한다.
[10]六日[육일] 매월 방선(放禪) 기간인 4·14·24, 9·19·29일의 6일간은 총림에서 전통적으로 목욕·세탁·축발하는 날이다.

臨盥漱하여는 不得高聲涕唾하며 行益次¹¹에는 不得搪
揬越序하며 經行次에는 不得開襟掉臂하며 言談次에는 不
得高聲戱笑하며 非要事어든 不得出於¹²門外니라
有病人이어든 須慈心守護하며 見賓客¹³이어든 須欣
然¹⁴迎接하며 逢尊長이어든 須肅恭廻避하며 辦道具하되 須
儉約知足이니라
齋食¹⁵時에 飮啜에 不得作聲하며 執放에 要須安

臨[임] 임하다. 盥[관] 세수대야, 손 따위를 씻음. 漱[수] 양치하다, 씻다.
涕[체] 눈물, 울다. 唾[타] 침.
搪[당] 뻗다. 揬[돌] 부딪침, 쑥 나옴. 序[서] 순서. 襟[금] 옷깃, 가슴.
掉[도] 요동시키다. 臂[비] 팔, 팔뚝.
戱[희] 희롱하다, 놀다. 賓[빈] 손님. 欣[흔] 기쁘게 여김. 迎[영] 맞이하다.
逢[봉] 만나다. 肅[숙] 정숙하다. 恭[공] 공손하다.
辦[판] 힘쓰다. 儉[검] 검소하다. 足[족] 만족하다. 齋[재] 재계, 식사.
啜[철] 먹다, 마시다. 執[집] 잡다, 지키다. 放[방] 놓다.
要[요] 둘러보다. 詳[상] 자세히 하다.

세수하고 양치질을 할 때에는 큰소리로 코 풀고 침 뱉으면 안 된다. 대중 행사에서 당돌하게 차례를 어겨도 안 되며, 걸을 때에는 옷깃을 벌리거나 팔을 휘저어도 안 되며, 말할 때에는 큰소리로 희희덕거려도 안 된다. 긴요한 일이 아니면 산문(일주문) 밖에 나가서는 안 된다.

앓는 사람이 있으면 자상한 마음으로 보살펴야 하며, 손님을 보거든 모름지기 흔연히 맞아 대접해야 하며, 어른을 만나면 정중하고 공손하게 길을 피해야 하며, 공부에 필요한 도구를 마련하되 검약하여 만족할 줄 알아야 한다.

공양을 할 때는 마시고 씹는 소리를 내면 안 되며, 발우나 저분, 숟가락을 집고 놓을 적에는 반드시 차분해야 하며,

---

[11]次[차] 조사로서 어떤 모양이나 상태를 나타내는 글자 밑에 붙인다.
[12]於[어] 전치사로서 동작이 이루어지는 장소·위치를 나타내며 '…에', '…에서'라고 해석한다.
[13]賓客[빈객] 복합명사로 '손님'.
[14]欣然[흔연] 여기서 '然'은 형용사 어기사 '欣'에 붙어서 부사로 전성시켜 준다. '기쁘게'로 해석한다.
[15]齋食[재식] 정오 전에 먹는 승가의 식사.

詳^하여 不得擧顔顧視^{하며} 不得欣厭精麤^{하며} 須默無言

說^{하며} 須防護雜念^{이어다}

須知受食^이 但療形枯^{하며} 爲成道業^{16이어다} 須念般

若心經^{17하되} 觀三輪¹⁸淸淨^{하여} 不違道用^{이어다}

赴焚修^{하되} 須早暮勤行^{19하여} 自責懈怠^{하며} 知衆

行次^{하고} 不得雜亂^{하라}

讚唄²⁰呪^乙願^{하되} 須誦文觀義^{하고} 不得但隨音聲^{하고}

擧[거] 들어올리다. 顔[안] 얼굴. 顧[고] 돌아보다. 厭[염] 싫어하다.
精[정] 쓿은 쌀, 정밀하다. 麤[추] 거칠다. 防[방] 막다. 護[호] 보호하다.
療[료] 고치다, 면하다. 枯[고] 마르다. 念[념] 외다, 읊다.
違[위] 어기다. 赴[부] 알리다, 다다르다.
焚[분] 불사르다, 향을 피우다. 早[조] 새벽, 일찍, 아침.
暮[모] 저물다, 늦다, 저녁. 懈[해] 게으르다. 怠[태] 태만하다.
讚[찬] 칭찬하다, 예찬하다. 唄[패] 부처의 공덕을 기리는 노래, 범패.
呪[주] 빌다. 誦[송] 읊다, 읽다. 但[단] 다만, 오로지.

얼굴을 들고 둘러보아도 안 되며, 맛있고 맛없는 음식을 좋아하거나 싫어해도 안 되며, 말없이 잠잠해야 하며, 잡념이 일어나지 않도록 막아 보호해야 한다.

밥을 받는 것은 다만 몸이 마르는 것을 면하고 도업(道業)을 이루기 위함인 줄을 알아야 하며, 반야심경을 염(念)하되 삼륜(三輪)이 청정한 줄을 관하여 도의 근본작용[道用]을 어기지 말아야 한다.

예불하고 수행해 나아가되 아침·저녁으로 부지런히 행하여 자기 자신의 게으름을 꾸짖으며, 대중이 행하는 차례를 알아서 뒤섞여 어지럽지 않게 해야 한다.

(불보살을) 찬탄하고 원을 빌 때에는 모름지기 글을 외우면서 뜻을 관하며, 오로지 음성만 따라도 안 되고,

[16] 道業[도업] 불도(佛道)의 수행.
[17] 般若心經[반야심경] 대반야경 600권의 근본적인 중심 사상을 260자로 간략하게 압축시킨 경전. 완전한 명칭은 반야바라밀다심경으로 '지혜의 완성에 대한 핵심을 설한 경'이라는 뜻.
[18] 三輪[삼륜] 보시를 행하는 자, 보시를 받는 자, 보시하는 물건.
[19] 勤行[근행] 부처님 앞에서 시간을 정하여 독경·예배·소향(燒香) 등을 행함.
[20] 讚唄[잔패] 곡조를 붙여 독경을 해서 부처님의 공덕을 찬탄하는 것.

不得韻曲不調^{하며} 瞻敬尊顔^{하되} 不得攀緣[21]異境^{이어다}

須知自身罪障^이 猶如山海^{하여} 須知理懺事懺^{으로}

可以[22]消除^{니라}

深觀能禮[24]所禮[25]^가 皆從眞性緣起^{하며} 深信感

應[26]^이 不虛^{하여} 影響相從^{이니라}

居衆寮^{하되} 須相讓不諍^{하며} 須互相扶護^{하며} 愼諍論

勝負^{하며} 愼聚頭閑話^{하며} 愼誤著他鞋^{하며} 愼坐臥越次^{니라}

韻[운] 음운, 울리다, 음향. 調[조] 고르다. 瞻[첨] 우러러보다.
攀[반] 오르다, 당기다. 境[경] 경계, 마음의 대상.
障[장] 가로막다. 猶[유] 오히려, 같다.
懺[참] 뉘우치다. 消[소] 녹이다, 끄다. 除[제] 제거하다. 響[향] 울림.
從[종] 좇다, 따르다. 寮[료] 집. 讓[양] 겸손하다, 사양하다.
互[호] 서로, 번갈아 들다, 고르지 아니하다, 어긋나다.
扶[부] 돕다, 붙들다. 愼[신] 삼가다, 조심하다. 負[부] 지다, 짐을 지다.
聚[취] 모이다, 마을. 閑[한] 한가하다. 誤[오] 그릇되다, 잘못하다.
著[착] 신다. 鞋[혜] 신, 짚신. 次[차] 차례.

청을 하는 운곡이 고르지 않게 하지 말며, 불보살님의 존안을 공경히 우러르되 다른 망념경계를 떠올리면 안 된다.
자신의 죄업의 장애가 마치 산과 바다와 같은 줄을 알아서 마음으로 참회하고 몸으로도 참회하여야 녹여 없앨 수 있음을 알아야 한다.

예를 올리는 이와 예를 받는 불보살님이 모두 거짓이 아닌 변치 않는 참된 성품에서 인연하여 일어난 줄을 깊이 관하여, 감응함이 헛되지 않음이 마치 그림자와 메아리가 서로 따르는 것과 같음을 마음 깊이 믿어야 한다.
대중처소에 머물 때는 서로 양보하여 다투지 않아야 하며, 서로 돕고 보호해야 하며, 승부를 다투어 논란함을 삼가며, 머리를 맞대고 앉아서 잡담함을 삼가며, 남의 신을 잘못 신는 것을 삼가며, 앉고 눕는 차례를 어기는 것을 삼가야 한다.

[21]攀緣[반연] 속된 인연에 끌림.
[22]可以[가이] 조동사로서 허가나 가능을 나타내고 동사 앞에 쓰이며 '…할 수 있다'라고 해석한다.
[23]能所[능소] 동작의 주체를 '능', 그 동작의 객체가 되는 것을 '소'라 한다.
[24]能禮[능례] 예배하는 주체로서 곧 불제자.
[25]所禮[소례] 예배받는 객체로서 곧 불·보살.
[26]感應[감응] 부처님의 마음이 중생의 마음에 느끼고 반응함.
[27]於[어] 전치사로서 동작 행위와 관계있는 대상을 나타내고 '…을', '…에게', '…에 대하여' 등으로 해석한다.

對客言談에 不得揚於²⁷家醜하며 但讚院門²⁸佛事어다
不得詣庫房하여 見聞雜事하고 自生疑惑이어다 非要
事어든 不得遊州獵縣하고 與²⁹俗交通하여 令³⁰他憎嫉하며
失自道情이어다 儻有要事出行이어든 告住持人과 及管
衆者하여 令知去處니라
若入俗家어든 切須³¹堅持正念³²하여 愼勿見色聞聲하고
流蕩邪心이늘 又況披襟戲笑하여 亂說雜事랴

揚[양] 오르다, 나타나다. 醜[추] 추하다. 讚[찬] 기리다.
詣[예] 이르다, 방문하다. 庫[고] 곳간. 惑[혹] 미혹하다. 遊[유] 노닐다.
獵[렵] 사냥, 찾아 구하다. 縣[현] 고을, 떨어지다. 憎[증] 미워하다.
嫉[질] 시기하다, 질투하다. 儻[당] 만일.
及[급] …와(과). 管[관] 관, 대롱, 관할하다.
切[절] 통절하다, 기필코, 아무쪼록.
堅[견] 굳다, 단단하다. 持[지] 가지다, 지녀 기억하다. 勿[물] 없다, 말다.
蕩[탕] 쓸어 없애다, 움직이다. 又[우] 또.
況[황] 하물며. 披[피] 헤치다, 열다. 襟[금] 옷깃.
戲[희] 놀다, 희희덕거리다.

손님을 만나 이야기를 할 때는 절간의 불미스러움을 들춰내지 말고 오직 사원의 불사를 기려야 한다. 지대방에 들러서 잡사를 보고 듣고 스스로 궁금해 하면 안 된다.

요긴한 일이 아니면 이 마을에 갔다가 저 마을에 다니면서 속인들과 더불어 교제하여 다른 사람들이 미워하게 한다거나 자기 자신의 도 닦는 마음을 잃으면 안 된다. 만일 긴요한 일로 나가게 되면 주지 스님이나 대중 소임자에게 일러서 가는 곳을 알게 해야 한다.

만일 속가에 들어갈 때에는 아무쪼록 정념(正念)을 굳게 지녀서 삼가 경계를 보거나 소리를 듣고 삿된 마음으로 휩쓸리지 말아야 하거늘, 하물며 옷깃을 헤치고 희희덕거리며 놀고 잡된 일을 어지러이 이야기하겠는가.

[28]院門[원문] '원(院)'은 초기 당(唐)나라 때 절의 명칭이다. '사(寺)'로 변별되기 전에는 일반적으로 '원(院)'으로 쓰였고, 상대적으로 도교의 수도장은 '관(觀)'이라 칭하였다.
[29]與[여] 전치사로서 동작 행위의 동반자를 이끌어 내며, '…와(과)', '…와 더불어', '與…俱' 술어구가 될 때에는 '…와 함께'라고 해석한다.
[30]令[령] 사역의 뜻을 나타내며 '사(使)', '교(敎)', '견(遣)', '명(命)' 등과 더불어 '…이(가) …에게 어떤 동작을 시키다'는 뜻을 나타낸다. 곧 '…로 하여금 …하게 하다', '…에게 …을 …하게 하다'로 해석한다.
[31]切須[절수] 복합부사로서 '아무쪼록 …해야 한다'라고 해석한다.
[32]正念[정념] 팔정도(八正道)의 하나. 사제(四諦)의 진리를 바로 보는 정견(正見)에 의해 그릇됨이 없는 사유(思惟)로 연기적 관계성의 본성(本性)과 현상을 마음에 기억하여 조명하는 것.

非時酒食으로 妄作無礙之行하여 深乖佛戒인저 又處

賢善人嫌疑之間이면 豈爲有智慧人也리오

住社堂33하되 愼沙彌同行하며 愼人事往還하며 愼見他好

惡하며 愼貪求文字하며 愼睡眠過度하며 愼散亂攀緣이어다

若遇宗師| 陞座說法이어든 切不得於法에 作懸

崖想34하여 生退屈心하며 或作慣聞想35하여 生容易心할지니

當須虛懷36聞之37하면 必有機發38之時하리라

礙[애] 가리다. 乖[괴] 이지러지다, 거스리다. 嫌[혐] 싫어하다, 의심하다.
間[간] 사이, 기회, 사물의 상태.
豈[기] 어찌, 설마. 惡[오] 미워하다. 睡[수] 자다, 졸다.
度[도] 법, 넘어서다. 攀[반] 더위잡다, 매달리다. 遇[우] 만나다.
陞[승] 오르다. 切[절] 결코, 절대로. 於[어] …에 대하여.
懸[현] 매달다, 멀다. 崖[애] 벼랑. 慣[관] 버릇, 익숙해지다.
容[용] 얼굴, 쉽다, 손쉽다. 虛[허] 비우다, 허비하다.
懷[회] 어떤 생각을 마음에 품다. 易[이] 쉽다.
機[기] 기틀, 일의 가장 중요한 고동.

때 아닌 술과 음식으로 망령되게 무애(無礙)의 행을 저질러서 부처님의 계를 크게 어기겠는가? 또 어질고 선한[善] 이들이 의심쩍어 하는 관계가 된다면 어찌 지혜 있는 사람이라 하겠는가.

사당(수행처)에 머물 때에는 사미와 동행함을 삼가며, 세속인의 일로 왕래함을 삼가며, 남의 좋고 나쁜 점 보기를 삼가며, 지나치게 문자에서만 구할 것을 삼가며, 수면이 지나침을 삼가며, 산란하게 속된 인연에 끌림을 삼가야 한다.

만일 종사(宗師)가 법좌에 올라 설법하는 때를 만나면 결코 법에 대하여 너무 어렵다는 현애상(懸崖想)을 지어 뒤로 물러나려는 마음을 내지 않아야 하며, 혹은 늘 듣던 말이라는 관문상(慣聞想)을 지어 너무 쉬워하는 마음을 내지 않아야 하니, 고정관념을 비우고 법문을 들으면 반드시 근기가 발동될 때가 있을 것이다.

[33]社堂[사당] '사(社)'는 토지의 신이다. 주(周) 시대에는 25호의 자치단체였고 민간에서는 5~10호의 단체였다. 뜻이 맞는 사람들이 모여 만든 단체로서 불교에서는 수행결사단체로 전성되어 '수행처'를 상징하게 되었다.
[34]懸崖想[현애상] '태산이 높다고 오르려 하지 않는 마음'과 같이 수행이 어렵다고 생각하여 정진하려 하지 않는 마음.
[35]慣聞想[관문상] 법문을 피상적으로 듣고 매양 듣던 법문이라고 쉽사리 판단하여 성찰하지 않는 마음.
[36]虛懷[허회] '懷'는 현애상이나 관문상을 품은 마음.
[37]聞之[문지] '之'는 설법(說法)을 지칭하는 대사(代詞).
[38]機發[기발] 근기(根機)가 연(緣)을 만나서 발동(發動)될 만한 가능성.

不得隨學語者하여 但取口辨이니 所謂蛇飮水成毒하고
牛飮水成乳하며 智學成菩提[39]하며 愚學成生死라함이 是
也니라

又不得於主法人에 生輕薄想하라 因之[40]하여 於[41]道
有障이면 不能進修하리니 切須愼之이다

論[42]云하사되 如人夜行에 罪人이 執炬當乙路어든 若以
人惡故 不受光明하면 墮坑落塹去[43]矣니라

辦[판] 힘쓰다, 힘써 말하다. 乳[유] 우유. 愚[우] 어리석다. 是[시] 이.
薄[박] 얇다, 가볍다. 切[절] 결코. 如[여] 만일.
執[집] 잡다. 炬[거] 횃불, 사르다. 發[발] 밝히다.
墮[타] 떨어지다, 무너지다. 坑[갱] 구덩이. 塹[참] 구덩이, 파다.
去[거] 가다.

말로만 배우는 이를 따라서 오로지 입으로만 힘써 취하면 안 된다. 말하자면 '뱀이 물을 마시면 독이 되고, 소가 물을 마시면 우유가 되듯이, 지혜로운 배움은 깨침을 이루고 어리석은 이의 배움은 생사(生死)를 이룬다' 함이 이것이다.

또 법주(法主)에 대하여 업신여기는 생각을 내지 말라. 그로 말미암아 도에 장애가 되면 수행을 진척시키지 못하게 되니 결코 경박상(輕薄想)을 삼가야 된다.

논(論)에 "만일 사람들이 밤중에 길을 갈 때, 죄인이 횃불을 밝히는 길에 닥칠 때 이 사람이 밉다고 해서 그 불빛을 받지 않는다면, 구덩이에 떨어져 버리고 말 것이다"고 하였다.

[39] 菩提[보리] 범어 bodhi(보디)의 역어. 깨달음.
[40] 之[지] '생경박상(生輕薄想)'을 가리키는 지시대사.
[41] 於[어] 전치사로서 비교하거나 구분하는 대상을 나타내며 '…에 대하여', '…보다', '…에 비해', '…와', '…에 있어서' 등으로 해석한다.
[42] 論[논] 삼장(三藏)의 하나인 논장(論藏)의 준말. 불법에 대한 성현들의 해석·부연 등을 모은 것.
[43] 去[거] 방향보어로서 '떨어지는 동작이 행위의 주체자로부터 아래 쪽 방향으로 지향하는 것을 나타낸다.

聞法之次에 如履薄氷하리니 必須側耳目하여 而聽玄音하고 肅情塵⁴⁴而賞幽致타가 下堂⁴⁵後에는 默坐觀之⁴⁶하다가 如⁴⁷有所疑어든 博問先覺하고 夕惕朝詢하여 不濫絲髮이어다 如是라야 乃可能生正信하여 以道爲懷者歟⁴⁸아 無始習熟 愛欲恚癡가 纏綿⁴⁹意地하여 暫伏還起함이 如隔日瘧하나니 一切時中에 直須用加行方便⁵⁰智慧之力으로 痛自遮護할지니 豈⁵¹可閑謾히 遊談無根하며

次[차] 때, 기회. 履[리] 신, 밟다. 側[측] 곁, 기울이다.
肅[숙] 엄숙하다, 가지런히 하다. 賞[상] 완상하다, 감식하다, 감상하다.
幽[유] 그윽하다, 미묘하다. 致[치] 이르다. 默[묵] 잠잠하다.
惕[척] 두려워하다, 걱정하다. 詢[순] 묻다, 상의하다.
濫[람] 퍼지다, 넘치다. 絲[사] 실. 髮[발] 터럭.
習[습] 익히다, 버릇. 熟[숙] 익다, 익히다. 恚[에] 성내다. 癡[치] 어리석다.
纏[전] 얽히다. 綿[면] 솜, 연속하다.
暫[잠] 잠시, 갑자기. 瘧[학] 학질, 말라리아.
痛[통] 아프다, 몹시, 힘껏. 遮[차] 막다. 豈[기] 어찌. 閑[한] 한가하다.
謾[만] 속이다, 게으르다. 根[근] 근본, 근기.

법문을 들을 때에는 마치 엷은 얼음을 밟듯이 반드시 귀와 눈을 기울여 현묘한 가르침을 들으며, 마음에 이는 잡생각을 가라앉혀 깊은 이치를 염두에 굴리다가 법회가 끝난 뒤에는 묵묵히 앉아 관하라.

만일 의문가는 데가 있으면 먼저 깨친 이에게 널리 묻고, 밤이 될 때까지 정진하고 아침에 물으면서 실 터럭만큼도 흐트러지면 안 된다. 이와 같이 바른 신심을 낼 수 있어야 도를 마음에 품은 사람이 되지 않겠는가?

비롯함 없이 익혀 온 욕심과 성냄과 어리석음의 애착이 마음을 얽어 매면서, 잠깐 수그러졌다가는 도로 일어남이, 마치 하루걸이 학질병과 같으니, 어느 때든 오로지 가행방편의 지혜력을 써서, 힘껏 스스로 막고 보호해야지, 어찌 한가롭게 게으름을 피우며 근거없는 헛된 말로써 부질없이 세월을 보내고, 마음의 깨달음을 바라며 육도(六途)에서 벗어나려 하는가?

44情塵[정진] 마음에 이는 온갖 상념.
45下堂[하당] 법문을 마치고 법당에 나옴. 법회가 끝남.
46之[지] 앞 문장 '聽玄音'을 가리키는 지시 대사.
47如[여] 접속사로서 가설을 나타내고, 종속문의 첫머리에 쓰이며 '만일 … 한다면'이라고 해석한다.
48歟[여] 구말어기사로 문장 끝에 쓰여 반문·추측·감탄을 나타내고 '…인가', '…할 것이다', '…하구나' 등으로 해석한다.
49纏綿[전면] 마음에 감기어 떨어지지 않는 모양.
50方便[방편] 진리의 가르침으로 이끌기 위한 법문, 또는 방법이나 수단.
51豈~哉[기~재] 고정격식으로 의문부사 '豈'가 종결어기사 '哉'와 호응하여 반어문(反語文)을 이룬다.

虛喪天日하고 欲冀心宗而求出路哉51리오

但堅志節하고 責躬匪懈하고 知非遷善하며 改悔調柔하여

勤修而勸力轉深하고 鍊磨而行門益淨하리라

長起難遭之想하면 道業恒新하며 常懷慶幸之心하면

終不退轉하리라 如是久久하면 自然定慧圓明하여 見自心

性하리니 用如(幻)乙52悲智하여 還度衆生하고 作人天大福

田하리니 切須勉之53어다 (泰和乙丑冬月 海東 曹溪山 老衲 知訥誌)

喪[상] 잃다. 欲[욕] 하려하다. 冀[기] 바라다, 희망하다.
宗[종] 일의 근원, 종지.
哉[재] 비롯하다, 어기조사. 躬[궁] 몸, 친히. 匪[비] 아니다.
懈[해] 게으르다. 遷[천] 옮기다. 轉[전] 구르다, 더욱.
鍊[련] 불리다, 달구다. 磨[마] 갈다. 益[익] 더하다, 더욱.
長[장] 길이. 遭[조] 만나다. 慶[경] 다행한 일.
幸[행] 다행, 다행하다. 終[종] 마침내, 끝내, 끝까지.
退[퇴] 뒤로 물러나다. 轉[전] 구르다, 굴리다. 久[구] 오래.
還[환] 도리어. 切[절] 통절히. 度[도] 건네다, 제도하다. 勉[면] 힘쓰다, 근면하다.

다만 뜻과 절개를 굳게 하여 몸을 꾸짖어 게으르지 말며, 그름[非]을 알아 선함[善]에 옮기고, 뉘우쳐 고치며 유연하게 조율하여 (그리하여) 부지런히 수행하면 곧 관(觀)하는 힘이 더욱더 깊어지고, 힘써 연마하면 수행의 문이 한결 청정해질 것이다.

길이 만나기 어렵다는 생각을 일으키면 수행하는 일이 늘 새롭고, 항상 다행스럽다는 마음을 품으면 끝내 물러나지 않을 것이다. 이와 같이 오래오래 하면 자연히 선정과 지혜가 뚜렷이 밝아져서 자기 마음의 성품을 보며, 마치 보살의 환술과 같은 자비와 지혜를 써서 도리어 중생을 제도하여 인간과 천상의 큰 복밭을 일구리니 통절히 힘써야 하리라.

(태화 을축1205년 겨울에 해동 조계산 노납 지눌이 적다)

---

[52] 如幻[여환] 제법의 실상(實相)이 없는 것에 비유한 말이다. 원각경에 여환삼매(如幻三昧)란 말이 나오는데, 일체제법이 환(幻)과 같아서 마치 마술사의 요술과 다를 것이 없는 이치를 요달하는 삼매. 또 마치 마술사가 남녀노소 군사를 마음대로 만들어내지만 모두 헛것이어서 구애됨이 없듯이, 보살이 이 삼매를 성취하면 갖가지 현상계의 현실을 자유자재로 지어내는 것을 말한다.
[53] 之[지] 앞에서 언급된 불퇴선의 수행을 가리키는 지시대사.

發心修行章

새벽을 열다

　원효元曉 스님은 신라 진평왕眞平王 39년(617) 압량군押梁郡(지금의 경북 선산군) 불지촌佛地村 북쪽 밤골의 사라수娑羅樹라는 밤나무 아래서 태어났다. 어릴 적 이름이 서당誓幢이었다는 기록이 『삼국유사』에 보이고 있으나 1914년 5월 고선사高仙寺에서 현손자들에 의해 건립된 서당화상비誓幢和上碑가 발견된 후로는 '서당' 명에 대해 학자들이 활발하게 연구해 오고 있다. 원효元曉란 '새벽'이란 의미로 '초휘불일初輝佛日'의 원력이 밴 자칭인 것이다.

　사師는 타고난 성품이 뛰어나게 총명하여 15세 전에 세속의 학문과 무예를 통달 겸전하였다. 더 이상 탁마할 것이 없게 되자 당시의 선각자인 원광법사圓光法師나 자장율사慈藏律師 등에 의해 창도되던 법향法香에 끌리게 되었다. 어느 절로 처음 출가의 연을 지었는지는 기록이 아직까지 전해지지 않고 있으나 사미승이 된 뒤에는 삼장교해三藏敎海를 섭렵하면서도 절륜絶倫한 혜명慧明으로 말미암아 한 스승을 모시고 수학하지 않았다고 한다.

　『고선사서당화상비』의 기록을 보면 "대사는 덕을 숙세宿世에 심었기에 도에 관하여는 태어나면서부터 알았으니, 마음으로 인한 내자증內自證이었고 그 배움은 어떤 스승을 좇아 익힌 것이 아니었다"고 적고 있으며, 『삼국유사』에서도 "성사聖師는 태어나면서부터 빼어나게 신이神異하여 그 학습은 스승을 좇아하지 않았다"고 적고 있다.

　또한 『삼국유사』의 기록에 의하면 영취산靈鷲山(지금의 경남 양산) 반고사磻高寺의 낭지법사朗智法師에게 도를 물은 기록이 있다고 전하는데 낭지법사는 『법화경』을 강설하였다고 한다. 또 사師는 의상義相 스님과 함께 백제의 고대산孤大山(지금의 전북 완주 高達山) 경복사景福寺에 가서 보덕 화상普德和尙에게서 『열반경』·『유마경』 등의 대승경전을 수학하였다고도 전한다.

『삼국유사』에 의거하면 당 고종 영휘 원년(650)에 의상 스님이 입당하였다고 기록한다. 그렇다면 사師의 세수는 33세 때가 된다. 오늘날의 연구에 의하면 이때는 1차 입당 때이고 부석본비浮石本碑에 의하면 용삭龍朔 원년 신유辛酉(661)로 기록하고 있는데 백제 멸망 그 다음 해이다. 이때가 45세이니 훨씬 타당성이 있다.

전해 오는 이야기로는 의상 스님과 당나라에 유학하고자 당주계唐州界(지금의 수원 남양만)에서 배를 타려 하였으나 폭우에 날이 저물어 움집龕室에 들어가 하룻밤 유숙하게 되었다. 잠결에 갈증이 심해 주변에 있던 바가지 같은 그릇의 물로써 시원스레 해갈하고 한숨 잘 쉬었다. 날이 밝자 주변이 움집이 아니라 고총古塚이었고 물 마신 그릇은 다름아닌 해골바가지라는 것을 알았다. 그때 해골바가지의 물을 마셨다는 한 생각이 일자 일순에 토악질을 하였다. 그러다가 퍼뜩 깨침을 얻었다. "心生則種種法生, 心滅則髑髏不二; 마음이 일어나면 온갖 현상이 생기고, 마음이 멸하면 해골도 둘이 아니다" '마음과 제법의 실상'에 대하여 통철通徹하였다는 '총중오도塚中悟道'의 기연이 있다. 이는 『기신론』의 "心生則種種法生, 心滅則種種法滅"의 구문을 가차한 듯 하다.

이렇듯 오늘날까지 인구에 회자되는 '촉루수髑髏水 즉 해골물을 마시고 깨쳤다'는 이야기는 『석문임간록石門林間錄』에 기재된 내용인데 자세히 보면 왜곡된 부분이 적지 않다.

『송고승전宋高僧傳』의 「의상전」을 보면 "처음에는 움집土龕인 줄 알고 들어가 잤으나 다음 날도 비가 계속 내리자 할 수 없이 계속 묵는데 오래된 무덤이라고 여기자 귀기鬼氣가 느껴져 밤새도록 불안해 하다가 퍼뜩 "心生故種種法生, 心滅故龕墳不二; 마음이 일어나기 때문에 온갖 현상이 생기고, 마음이 멸하기 때문에 움집과 무덤도 둘이 아니다"고 하여 삼계유심三界唯心이요, 만법유식萬法唯識임을 깨닫고 있음을 보이고 있다고 하였으니 그 차이점을 생각하지 않을 수 없다.

워낙 사원벽화에 단골소재로 등장하니 무비판적으로 왜곡된 '해골'의 기연機緣을 수용하고 있기에 조금 길게 짚어 보았다(임간록은 송고승전의 998년보다 110년 지난 1107년에 간행되었다). 그야말로 무덤 속에서 무명無明의 꿈을 깨고 '三界唯心萬法唯識, 心外無法胡用別求; 삼계는 오직 마음작용이요, 만법은 오직 인식작용이지마 마음 밖에는 법이 없으니 어찌 따로 구해 쓸 것인가'고 심법心法을 확연히 깨닫고선 '我不入唐; 나는 당나라에 가지 않겠다'고 선언하고 귀향하였다.

깨달음을 바탕으로 정진을 거듭하며 51세 때는 설총薛聰을 낳고 소성거사小姓居士라 자칭하기도 하거니와 진속이제眞俗二諦를 넘나들며 여러 경전의 종요宗要를 저술하여 '열반涅槃의 자리에서는 체體와 용用이 다르지 않고, 본각本覺의 자리에서는 부처와 중생이 본래 하나이며, 일심一心의 본원에서는 진眞과 속俗이 평등함'을 여실히 시현示顯하면서 제경諸經의 회통會通사상으로서 그 실천론인 '십문화쟁十門和諍'의 정신을 창도唱導한다. 이 땅에 불일佛日이 뜨는 새벽을 연 것이다.

당대 동아시아의 성사聖師이신 스님의 행적은 그 자체가 수행자의 귀감이지만 일련의 수행처를 보게 되면, 사료에 보이는 관악산 삼막사三幕寺의 원효굴, 설악산 천불동의 금강굴金剛屈, 변산반도 부안 울금바위 원효방, 경북 팔공산 청운대 서당굴誓幢屈 등이 있다.

그리고 '경주 고선사 서당화상탑비문慶州 高仙寺 誓幢和尙塔碑文에 보면 "혈사穴寺에 옮겨 살았다. 다른 지방을 통화通化하다가 수공垂拱 2년 3월 30일에 혈사穴寺에서 임종하시니 춘추 70이다"는 기록으로 볼 때 애옥살이 도량의 청정한 수행 일면一面을 여실히 보여주는 것이 아닐

까?

  이로 볼 때 『발심수행장發心修行章』의 "메아리가 울리는 바위굴을 염불당으로 삼고, 애처로이 우는 들새와 산새들로 즐겨 마음의 벗을 삼으라: 助響巖穴, 爲念佛堂; 哀鳴鴨鳥, 爲歡心友. 절하는 무릎이 얼음장같이 시리더라도 불을 그리는 마음을 없애며, 주린 창자가 끊어지듯 하더라도 음식을 구하는 마음을 없애야 한다: 拜膝如氷, 無戀火心; 餓腸如切, 無求食念"이란 문장이 새삼 마음에 아려온다. 사師의 말씀. 한 마디도 잊힐리 없는 당부여!

發心修行章

분황사사문 원효 술
芬皇寺沙門 元曉 述

夫 諸佛諸佛이 莊嚴¹寂滅宮은 於多劫海에 捨欲

苦行이요 衆生衆生이 輪廻火宅²門은 於無量世에

貪欲³不捨느니라

無防天堂에 少往至者는 三毒⁴煩惱로 爲自家財요

無誘惡道에 多往入者는 四蛇⁵五欲⁶으로 爲妄心寶니라

夫[부] 대저, 무릇. 莊[장] 풀이 성하다, 꾸미다, 몹시 장식하다.
嚴[엄] 엄하다, 치장하다. 於[어] …에서. 捨[사] 버리다. 欲[욕] 욕심.
輪[륜] 바퀴, 돌다. 廻[회] 돌다, 빙빙 돌다. 防[방] 막다. 往[왕] 가다.
煩[번] 번민하다. 惱[뇌] 괴로워하다. 爲[위] 삼다.
誘[유] 꾀다, 유혹하다. 蛇[사] 뱀. 妄[망] 망령되다, 헛되다.

발심수행장

분황사사문 원효 지음

무릇 모든 부처님들이 적멸궁을 장엄하는 것은 다겁(多劫)의 바다에서 욕심을 버리고 고행하기 때문이며, 모든 중생들이 불타는 집안에서 윤회를 거듭하는 것은 한량없이 많은 세상에서 탐욕을 버리지 않기 때문이다.

가로막지 않는 천당에 가는 사람 적은 것은 삼독(三毒)의 번뇌로써 자기 집의 재물로 삼기 때문이며, 꼬임 없는 악도(惡道)에 가는 사람 많은 것은 네 마리의 뱀과 다섯 가지 욕심으로 망녕스레 마음의 보물로 삼기 때문이다.

[1]莊嚴[장엄] 지혜를 닦아서 그 몸을 꾸미는 지혜장엄과 보시·지계의 덕을 닦아서 그 몸을 꾸미는 복덕장엄의 이종장엄이 열반경에 설시(說示)되고 있다.
[2]火宅[화택] 법화경의 칠유(七喩) 중의 하나인 비유품의 화택유(火宅喩)
[3]貪欲[탐욕] 애(愛)는 갈애(渴愛), 친애(親愛)를 말하며, 욕(欲)은 탐욕(貪欲), 낙욕(樂欲), 처자, 사물 등에 대한 깊은 애정을 일컫는 말.
[4]三毒[삼독] 탐(貪)·진(瞋)·치(癡)의 삼독심을 이른다.
[5]四蛇[사사] 일협사사(一篋四蛇)를 말하며 우리의 육체가 지(地)·수(水)·화(火)·풍(風)의 사대(四大)로 되어 있음을 비유한 것(열반경의 비유).
[6]五欲[오욕] 색·성·향·미·촉(色聲香味觸)의 오경(五境)에 집착해서 일으키는 욕정.[7]是[시] 계사로서 '…이다'라고 해석한다.

人誰不欲歸山修道리요마는 而爲不進은 愛欲所纏이니라
然而不歸山藪修心이나 隨自身力하여 不捨善行이어다
自樂能捨면 信敬如聖이요 難行能行하면 尊重如佛이니라
慳貪於物은 是[7]魔眷屬[8]이요 慈悲布施는 是法王子니라
高嶽峩巖은 智人所[9]居요 碧松深谷은 行者所捿니라
飢餐木果하여 慰其飢腸하고 渴飮流水하여 息其渴情[10]이니라

誰[수] 누구. 欲[욕] 하려하다. 歸[귀] 돌아가다.
而[이] 역접 접속사, 그러나. 所[소] …을 당하다. 纏[전] 얽히다.
藪[수] 수풀. 隨[수] 따르다, 수반하다.
樂[악·락·요] 풍류, 즐기다, 좋아하다. 尊[존] 높다, 높이다.
慳[간] 아끼다, 인색하다. 眷[권] 돌아보다, 친족, 일가.
屬[속·촉] 잇다, 붙다. 嶽[악] 큰 산. 峩[아] 산이 험준하다.
碧[벽] 옥돌, 푸르다. 捿[서] 살다, 깃들이다. 棲·栖와 같은 자.
飢[기] 주리다, 굶기다. 餐[찬·손] 먹다, 저녁밥, 짓다. 慰[위] 위로하다.
腸[장] 창자. 渴[갈] 목마르다.

어떤 사람인들 산으로 돌아가 도 닦으려 하지 않겠는가마는 (그렇게) 나아가지 못하는 것은 애욕에 얽혀 있기 때문이다.

그러나 깊은 산으로 들어가 마음을 닦지는 못하지만 자신의 힘에 수반하는 선행(善行)을 버리지 말라.

자기 자신의 쾌락이 제대로 버려지면 믿고 공경함이 마치 성인과 같을 것이며, 어려운 행이 제대로 행해지면 귀중하게 높여짐이 마치 부처님과 같이 될 것이다.

재물에 대해 아끼고 탐하게 되면 마구니의 권속이며, 자비심으로 보시하면 바로 법왕의 자식이다.

높고 험준한 산악의 경계는 지혜로운 사람이 살 곳이고, 푸른 소나무 우거진 깊은 계곡은 수행자가 깃들일 만한 곳이로다.

배고프면 나무 열매를 먹어 주린 창자를 달래고, 목마르면 흐르는 물을 마셔 갈증나는 마음을 쉬게 할지니라.

[8]眷屬[권속] 어떤 관계로 얽혀서 모인 무리.
[9]所[소] 조사로서 동작이나 행위의 대상·장소·수단·원인 등을 나타낸다. '…하는 사람(일·물건·곳·것)' 등으로 해석한다.
[10]渴情[갈정] 목마른 사람이 물을 찾듯한 집착이 심한 갈애(渴愛)의 마음.

끽 감 애 양   차 신 정 괴   착 유 수 호   명 필
喫甘愛養하여도 此身定壞요 著柔守護도 命必

유 종
有終이니라

조 향 암 혈   위 염 불 당   애 명 압 조   위 환 심 우
助響巖穴로 爲念佛堂하고 哀鳴鴨鳥로 爲歡心友리

배 슬 여 빙   무 연 화 심   아 장 여 절   무 구 식 념
拜膝如氷이라도 無戀火心하며 餓腸如切이라도 無求食念이니라

홀 지 백 년   운 하 불 학   일 생 기 하   불 수
忽至百年이어늘 云何[11]不學이며 一生幾何[12]건대 不修

방 일
放逸고

이 심 중 애   시 명 사 문   불 련 세 속   시   명
離心中愛면 是名沙門[13]이요 不戀世俗이면 是[14]名

喫[끽] 먹다, 마시다. 甘[감] 달다. 定[정] 정하다, 반드시, 꼭.
助[조] 돕다, 거들다. 響[향] 울리다, 울림. 爲[위] 삼다.
鴨[압] 들오리, 들새. 歡[환] 기뻐하다, 즐거움. 拜[배] 절하다.
膝[슬] 무릎. 戀[연] 그리워하다. 餓[아] 주리다, 굶기다.
切[절] 끊어지다. 忽[홀] 문득. 幾[기] 기미, 몇.
逸[일] 달아나다, 숨다, 멋대로 하게 하다. 愛[애] 갈애, 애착.

좋은 음식을 먹고 애틋하게 기를지라도 이 몸은 반드시 허물어질 것이며, 부드러운 옷을 입혀 지키고 보호하여도 목숨은 반드시 마칠 때가 있을 것이다.

메아리가 울리는 바윗굴로 염불당을 삼고, 애처로이 우는 들새와 산새들로 즐겨 마음의 벗으로 삼으리.

절하는 무릎이 얼음장 같(이 시리)더라도 불을 그리는 마음을 없애며, 주린 창자가 마치 끊어지듯 하더라도 음식을 구하는 마음을 없애야 한다.

문득 백 년에 이를 닥칠 텐데 어찌 배우지 아니하며, 한 평생이 얼마나 된다고 수행하지 않고 놀기만 하랴.

마음의 애증을 여의는 것이 사문(沙門)이라 하며, 세속을 그리워하지 않는 것이 출가(出家)라 하는 것이다.

[11] 云何[운하] 대사로서 '如何'와 같고 의문을 나타내며 '어찌', '어떻게', '무엇'으로 해석한다.
[12] 幾何[기하] 대사로서 수량을 묻거나 정확하지 않은 수를 나타내며 '몇이나', '얼마나'라고 해석한다.
[13] 沙門[사문] 범어 śramaṇa의 음역. 머리를 깎고 악을 끊어 몸과 마음을 고요하게 해서, 선을 행하는 출가한 수행자. 형복사문(形服沙門), 위의기광사문(威儀欺誑沙門), 탐구낭문사문(貪求名聞沙門), 실행사문(實行沙門)이 있다.
[14] 是[시] 계사로서 '…이다'로 해석한다.

出家ᅡ라

行者羅網¹⁵은 狗被象皮요 道人戀懷는 蝟入鼠宮이라

雖有才智나 居邑家者면 諸佛이 是人生悲憂心하고

設無道行이나 佳山宅者면 衆聖이 是人生歡喜心하느니라

雖有才學이나 無戒行者는 如寶所導而¹⁶不起行이요

雖有勤行이나 無智慧者는 欲往東方而向西行이니라

羅[라] 그물, 비단. 網[망] 그물, 휩싸다, 걸치다. 狗[구] 개.
被[피] 입다, 덮다. 象[상] 코끼리. 蝟[위] 고슴도치. 鼠[서] 쥐.
雖[수] 비록 …하다. 是[시] 지시대사, 이. 憂[우] 근심하다.
設[설] 베풀다, 설령. 如[여] 마치 …과 같다. 勤[근] 부지런하다.
欲[욕] 하려하다. 往[왕] 가다.

수행하는 자가 비단옷을 걸치는 것은 개가 코끼리 가죽을 덮어쓴 격이며, 도를 닦는 이가 애욕을 품는 것은 고슴도치가 쥐구멍에 들어가는 꼴이다.

　비록 재주와 지혜가 있으나 세속의 마을에 기거하게 되면 모든 부처님이 그 사람에 대해 슬퍼하고 근심하는 마음을 내며, 설령 도를 닦는 수행이 없더라도 산속의 절에 거주하게 되면, 뭇성인들이 그 사람에 대해 환희심을 내게 된다.
　비록 재주와 학문이 있어도 계행(戒行)이 없는 자는 마치 보물이 있는 곳으로 인도되어도 일어나 가지 않는 사람과 같으며, 부지런히 수행하더라도 지혜(智慧)가 없는 자는 동쪽 방향으로 가려고 하면서도 서쪽을 향해 가게 되는 것과 같다.

[15]羅網[나망] 새 그물, 그물 모양으로 연철(連綴)하는 일, 그물을 씌움.
[16]而[이] 역접 접속사 '…이나', '…인데', '…라도', '…이지만'으로 해석한다.

有智人所行(유지인소행)은 蒸米作飯(증미작반)이요 無智人所行(무지인소행)은 蒸沙作飯(증사작반)이니라. 共知喫食(공지끽식) 而慰飢腸(이위기장)하되 不知學法(부지학법) 而改癡心(이개치심)이니라.

行智具備(행지구비)는 如車二輪(여거이륜)이요 自利利他(자리이타)는 如鳥兩翼(여조양익)이니라.

得粥祝願(득죽축원)하되 不解其意(불해기의)면 亦不[17]檀越(역부단월)[18]에 所乙羞恥乎(소수치호)[17]며, 得食唱唄(득식창패)하되 不達其趣(부달기취)하면 亦不賢聖(역불현성)에 應慚愧(응참괴)

蒸[증] 찌다. 飯[반] 밥, 먹다. 慰[위] 위로하다. 飢[기] 주리다.
翼[익] 날개. 粥[죽] 죽, 미음. 檀[단] 박달나무, '檀那'의 줄임말, 보시.
羞[수] 부끄러움, 수치. 恥[치] 부끄러워하다. 乎[호] ~인가, ~구나.
唱[창] 노래, 부르다. 唄[패] 찬불하다. 趣[취] 달리다, 뜻, 취지.
慚[참] 부끄러워하다. 愧[괴] 부끄러워하다.

지혜가 있는 사람의 수행은 쌀을 쪄서 밥을 짓는 것과 같으며, 지혜가 없는 사람의 수행은 모래를 쪄서 밥을 짓는 것과 같다. 모두 밥을 먹어 주린 창자를 위로할 줄은 알면서도 불법(佛法)을 배워서 어리석은 마음을 고치려 할 줄은 모르는구나.

수행과 지혜가 함께 갖춰지는 것은 마치 수레의 두 바퀴와 같고, 자기가 이롭고 다른 이를 이롭게 하는 것은 마치 새의 두 날개와 같은 것이다.

시주를 받고 축원하면서도 그 뜻을 이해하지 못하면 역시 단월에게 수치스러운 일이 아니겠는가? 시주를 받고 범패를 창(唱)하면서도 그 이치에 도달하지 못하면 역시 성현에게 당연히 부끄러운 일이 아니겠는가?

[17] 不…乎[불…호] 고정격식으로 '乎'가 문장 끝에서 종결사로 쓰이며 부정사 '不'과 호응하여 '반어형'을 만든다. '…하지 아니한가'라고 해석한다.
[18] 壇越[단월] 범어 danapati의 역어, 보시를 하여 번뇌의 업장을 뛰어 넘으려는 사람 곧 시주(施主)를 뜻한다.

호아 인오미충이 불판정예한듯 성증사문이 불판정
乎아 人惡尾蟲이 不辨淨穢한듯 聖憎沙門이 不辨淨

예니라
穢니라

기세간훤하고 승공천상은 계위선제니 시고로 파
棄世間喧하고 乘空天上은 戒爲善梯니 是故로 破

계하고 위타복전은 여절익조ㅣ 부귀상공이라
戒하고 爲他福田은 如折翼鳥ㅣ 負龜翔空이라

자죄미탈하면 타죄불속이니라 연하니 기무계행하고 수
自罪未脫하면 他罪不贖이니라 然하니 豈無戒行하고 受

타공급이리요
他供給이리요

무행공신은 양무이익이요 무상부명은 애석불보니
無行空身은 養無利益이요 無常浮命은 愛惜不保니

惡[오] 미워하다, 싫어하다. 蟲[충] 벌레. 辨[판] 판별하다, 나누다.
穢[예] 거칠다, 더럽히다. 憎[증] 미워하다, 싫어하다. 棄[기] 버리다.
喧[훤] 떠들썩하다. 梯[제] 사다리, 기대다. 故[고] 그러므로, ~까닭에.
折[절] 꺾다, 부러지다. 負[부] 짐을 지다.
龜[귀] 거북, 이름·구, 터질·균. 翔[상] 날다. 贖[속] 속바치다, 바꾸다.
豈[기] 어찌. 給[급] 넉넉하다, 공급하다. 浮[부] 뜨다, 덧없다.
惜[석] 아끼다.

사람들은 구더기가 깨끗하고 더러운 것을 판별하지 못함을 싫어하듯이, 성현께서는 사문(沙門)들이 깨끗하고 더러운 것을 판별하지 못함을 싫어하는 것이다.

세간의 시끄러움을 버리고 천상으로 오르는 데는 계행(戒行)이 가장 좋은 사다리가 된다. 그런 까닭에 계를 깨뜨리고 남의 복밭(福田)이 된다는 것은 마치 날개 부러진 새가 거북을 업고 하늘에 날아다니는 것과 같다.

자기 자신의 허물에서 벗어나지 못하면 다른 이의 허물에 대하여 대신할 수 없다. 그럴진대 어찌 계행이 없으면서 다른 사람의 공양을 받겠는가.

수행하지 않는 헛된 몸은 잘 기를지라도 이로움이 없으며, 영원하지 않은 덧없는 목숨은 아무리 아끼더라도 보존하지 못한다.

망용상덕하면 능인장고하고 기사자좌[19]하면 영배욕락이리라
望龍象德하면 能忍長苦하고 期獅子座[19]하면 永背欲樂이리라

행자심정하면 제천[20]공찬하고 도인연색하면 선신사리라
行者心淨하면 諸天[20]共讚하고 道人戀色하면 善神捨離라

사대[21]홀산이요 불보구주니 금일석의[22]라 파행조
四大[21]忽散이요 不保久住니 今日夕矣[22]라 頗行朝

재느저 세락후고어늘 하[23]탐착재며 일인장락인데 하불
哉느저 世樂後苦어늘 何[23]貪著哉며 一忍長樂인데 何不

수재리요 도인탐은 시[24]행자수치요 출가부는 시군자
修哉리요 道人貪은 是[24]行者羞恥요 出家富는 是君子

소소[25]니라
所笑[25]니라

차언부진이어늘 탐착불이하며 제이무진이어늘 부단애
遮言不盡이어늘 貪著不已하며 第二無盡이어늘 不斷愛

期[기] 때, 기약하다. 獅[사] 사자. 背[배] 등지다.
讚[찬] 기리다, 찬양하다. 頗[파] 자못, 약간, 몹시, 두루(미치다).
遮[차] 막다. 已[이] 이미, 벌써, 말다, 그치다.
第[제] 차례, 숫자 위에 붙여서 차례를 정하는 말.

용상의 큰 덕[龍象德]을 바라거든 길이 괴로움을 인욕할 수 있어야 하며, 사자좌(獅子座)를 기대한다면 욕망과 쾌락을 길이 등져야 할 것이다. 수행하는 자의 마음이 청정하면 모든 천인들이 함께 찬양할 것이며, 도를 닦는 이가 색을 그리워하면 선신들이 버리고 떠날 것이다.

 사대는 홀연히 흩어져 오래 머물도록 보존되지 못하느니, 지금의 낮은 곧 밤이 될 것이라 아침부터 서둘러 행해야 할 것이다. 세상의 쾌락은 고통이 뒤따르니 어찌 탐내어 붙들 것이며, 한 번 인욕하면 길이 즐거울 것인데 어찌 수행하지 않으리.

 도를 닦는 사람의 탐욕은 수행인의 수치이며, 출가한 이의 부귀는 군자의 비웃음거리이다.

 하지 말라고 막는 말이 다함이 없으나 탐욕의 집착은 그치지 않으며, 다음다음 하는 두 번째는 다함이 없거늘 애착을 끊지

---

[19]獅子座[사자좌] 깨달음을 이룬 사람이 앉는 자리, 부처님의 보좌.
[20]天[천] 범천(梵天) 또는 제석(帝釋) 등 28천의 왕.
[21]四大[사대] 몸을 이루는 네 가지 큰 요소, 즉 지·수·화·풍(地水火風)을 이른다.
  ① 地大[지대] 굳고 단단한 것을 성(性)으로 하고 만물이 존재하는 바탕이 되어 주며, 형질(形質)이 있어 서로 장애가 되기도 하는 바탕.
  ② 水大[수대] 습윤(濕潤)을 성(性)으로 하고 모든 사물을 포용하는 바탕.
  ③ 火大[화대] 난기(煖氣)를 성(性)으로 하고 사물을 성숙시키는 바탕.
  ④ 風大[풍대] 동기(動氣)를 성(性)으로 하고 사물을 성장하게 하는 바탕.
[22]矣[의] 문장의 끝에서 화자(話者)의 단정어기를 나타내는 구말어기사,

著하며 此事無限이어늘 世事不捨하며 彼謀無際어늘 絶心不
起로다 今日不盡이언만 造惡日多하며 明日無盡이언만 作善
日少하며 今年不盡이언만 無限煩惱하며 來年無盡이언만 不
進菩提로다
時時移移하며 速經日夜하며 日日移移하여 速經月晦하며
月月移移하여 忽來年至하며 年年移移하여 暫到死門하나니
破車不行이요 老人不修라 臥生懈怠하고 坐起亂識이리오

限[한] 경계, 한정. 捨[사] 버리다. 彼[피] 저, 그. 謀[모] 꾀하다.
際[제] 사이, 때, 가, 가장자리. 造[조] 짓다.
移[이] 옮기다. 速[속] 빠르다. 經[경] 지나다, 지내다. 晦[회] 그믐.
暫[잠] 잠깐. 臥[와] 눕다. 懈[해] 게으르다. 怠[태] 게으르다.
識[식] 알다, 분별하다, 인식하다.

못하며, 이 일만 저 일만 함이 한이 없거늘 세상의 잡일들 버리지 못하며, 저런 꾀 이런 꾀 가이 없건마는 끊으려는 마음은 일으키지 않는다. 오늘은 다함 없이 쉬지 않고 오건만 ('오늘만' 하고 오히려) 악업을 짓는 날이 많으며, 내일도 다함 없이 그치지 않고 오건만 ('내일 하지' 하고 어찌) 선(善)을 짓는 날은 적은가. 금년도 또한 다함 없이 오건만 ('금년만' 하다가) 번뇌만 늘고, 내년도 다함 없이 그치지 않고 오는데 어찌 보리도(깨달음의 길)에 나아가지 않느뇨?

시간시간 옮기고 옮겨가서 밤낮은 빨리 지나고, 하루하루 옮기고 옮겨가서 그달그달 그믐은 빨리도 지나간다.

한달한달 바뀌고 바뀌어서 문득 다음 해가 이르고, 한해한해 옮기고 옮겨가서 잠시간에 죽음의 문에 이르른다.

부서진 수레는 구르지 못하듯이 늙은 사람은 수행할 수 없는

'…이다', '…일 것이다'라고 해석한다.
[23] 何~哉[하~재] 고정격식으로 '어찌…하겠는가?'라는 반어문의 형식이다.
[24] 是[시] 계사로서 '…이다'라고 해석한다.
[25] 所笑[소소] '웃음을 받게 되다'로서 '所'는 피동태의 뜻을 갖는다.

幾生不修하고 虛過日夜하며 幾活空身이어늘 一生不修오

身必有終하리니 後身何乎[26]아 莫[27]速急乎[27]아 莫速急

乎아

虛[허] 비다, 공허하다. 過[과] 지나다, 허물.
活[활] 살다, 살리다, 소생시키다. 空[공] 비다, 헛되다.
終[종] 끝나다, 죽다. 速[속] 빠르다, 신속하다. 急[급] 급하다, 서두르다.

데, 누우면 게으름을 피우고 앉으면 어지러이 잡생각만 일으키려는가. 얼마나 살건대 수행하지 않고 밤낮을 헛되이 보내며, 헛된 몸을 얼마나 살린다고 이 한생 수행하지 않느뇨?

  몸은 반드시 죽을 때가 있으리니, 내생의 후신(後身)은 어찌할 것인가? 급하고 급하지 아니한가! 다급하고 다급하지 아니한가!

[26]乎[호] 구말어기사로서 문장 뒤에 쓰여 의문을 나타낸다.
[27]莫~乎[막~호] 고정격식으로 '…하지 않은가?'라는 반어문의 형식.

自警文

야운당野雲堂의 십문부촉十門付囑

야운野雲 화상이 드러난 전기傳記는 거의 없다. 약간의 편린片鱗이 보일 뿐이다. 사師는 여말선초麗末鮮初의 스님으로 생몰의 연대는 알 수 없다. 휘諱는 각우覺牛요, 호는 야운野雲이고 이름은 우玗이다. 당대의 선지식인 나옹혜근懶翁惠勤(1320~1376)의 사嗣이다.

야운 화상을 유추해 볼 수 있는 시詩가 두 편 전해 온다. 그 하나는 여말선초의 무학자초無學自超(1327~1405)의 법을 이은 함허득통含虛得通(1376~1433, 金剛經五家解說誼 저자) 선사가 야운 사師에게 보낸 시이다.

江月軒前江月白, 野雲堂上野雲閑
雲光月色交運處, 一室含虛體自安.

강월헌에 흘러예는 저 강 위에 백월(白月)은 둥두렷
야운당 위에 드리운 구름 마냥 한가하도다.
구름빛 달빛이 친숙하게 머무르는 곳
문 열어제쳐 한숨 들이키니 이 몸은 절로 편안타.

여기서 강월헌江月軒은 나옹혜근 대선사의 호이고, 야운당野雲堂은 당연히 야운화상으로서 스승과 대우對偶를 지어 매우 아름답게 연출하고 있으며, 두 선지식의 풍모가 함허선사 자신에게까지 미치는 도량의 풍족함을 찬탄하고 있다. 함허득통선사는 금강경오가해의 설의說誼를 지은 선객으로 일세를 풍미한 스님이다.

다른 한 편의 시는 1883년 해인사海印寺에서 인출된 『자경문』 서두에 올려 놓은 사에 대한 찬단게송이나. 작자는 미상이다.

門庭嶮峻意氣高閑, 現忿怒具折邪之相.
開大悲有引導之容, 名賢大德 野雲牛禪師.

수행문과 도량은 가파르고 높아 뜻과 기운은 고한한데
분노의 방편을 드러냄에는 그릇된 상을 타파함을 갖추시었다.
대비의 문을 활짝 여니 중생을 이끄는 풍모가 넉넉하여라.
명현대덕이시다. 야운각우 선사시여!

이러한 찬탄송은 이 『자경문』이 야운각우 선사의 소작所作임을 보여주는 사례인데 기사記事가 명확하다면 더할 나위가 없겠지만 원문이 온전히 전래되고 있음만으로도 선사의 간절한 심전心田에서 싹을 틔울 수 있는 다행스런 일이 될 것이다.

태고보우(1301~1382) 국사의 「치문경훈서」를 보면 48세(1349)에 원元 나라에서 귀국할 때 『경훈』을 가져 왔는데 1378년(우왕 4년)에 인쇄하여 반포한다고 하였다. 그렇다면 나옹혜근 대선사의 법사法嗣인 야운각우 선사가 『치문경훈』을 열람할 수 있는 적절한 시기였으리라 사료된다. 미루어 볼 수 있는 전기를 몇 자 옮겨 본다.

『치문경훈』의 첫자리에 있는 「위산대원 선사潙山大圓禪師 경책」을 주로 해서 몇몇 글에서 인용되었음직한 용어사용례를 『자경문』에서 비교하여 보자.

* 자　　경　　문: 幾人得道空門裡
• 동산양개서장: 幾人得道空門裡
* 자　　경　　문: 伏望, 汝須興決烈之志, 開特達之懷,

- 위산경책: 伏望, 汝須興決烈之志, 開特達之懷,

* 자 경 문: 切莫自輕而退窟
- 위산경책: 不應自輕而退窟

* 자 경 문: 惟斯末運, 去聖時遙, 魔强法弱, 人多邪侈
- 위산경책: 同生象季, 去聖時遙, 佛法生疏, 人多懈怠

* 자 경 문: 我以管見
- 위산경책: 略伸管見

* 자 경 문: 鳥之將息, 必擇其林; 人之求學, 乃選師友.
- 고소경덕사 운법사 무학 10문:
　　　　　鳥之將息, 必擇其林; 人之求學, 當選於師.

* 자 경 문: 松裏之葛, 直聳千尋
- 위산경책: 倚松之葛, 直聳千尋

* 자 경 문: 身心決擇去荊塵
- 위산경책: 決擇身心去其荊棘

* 자 경 문: 切莫妄自尊大
- 고소경덕사 운법사 무학 10문:
　　　　　○○妄自尊大

* 자 경 문: 輕他不學矓踵老
- 위산경책: ○○不學矓踵老朽

* 자 경 문: 饕餮由來非道心
- 위산경책: 饕餮因循荏苒人間

* 자 경 문: 道不遠人, 人自遠矣. 又云: 我欲仁, 斯仁至矣.
- 원법사 면학: ○○○○○ 仁遠乎哉. 我欲仁, 斯仁至矣.

이와 같이 일별一瞥하니 위산대원 선사와 용어를 공유함이 보이고 고소법운姑蘇法雲 법사의 '무학십문務學十門'과 『자경문』의 '경책십문'은 형식의 궤를 같이하고 있음을 볼 수 있다. 저술의 연대를 가늠해 볼 수 있는 요인이다. 그러나 야운 사師의 원력은 오히려 방대하기만 한 『치문경훈』의 경책성 주제를 간결히 하여 그 간절한 당부를 담백하고도 유려한 십 문의 시詩로서 잘 드러내고 있다.
　먼 수행길, 강 건너고 산을 돌아 제방을 두루 섭렵涉獵하여 스승 찾고 도를 찾는 길에 긴요한 자량資糧으로 삼는다면 줄탁동시啐啄同時의 기연機緣도 성큼 다가서리니 누가 막는다고 막아질 일은 아닐 것이다.

自警文

야운비구 술
野雲比丘 述

自警序

主人公아 聽我言하라 幾人이 得道空門[1]裏어늘 汝何
長輪苦趣中고 汝自[2]無始已來로 至[2]于今生히 背覺
合塵 墮落愚癡하며 恒造衆惡하야 而入三途[3]之苦輪하며
不修諸善하고 而沈四生[4]之業海로다

警[경] 경계하다. 公[공] 존칭 접미사. 聽[청] 자세히 듣다.
幾[기] 기미, 몇, 얼마, 자주, 종종. 裏[리] 속, 안.
趣[취] 달리다, 마음이 이끌리는 곳, 취지. 汝[여] 너, 그대.
輪[륜] 돌다, 구르다. 于[우] 어기조사, …에. 塵[진] 티끌, 번뇌.
墮[타] 떨어지다. 愚[우] 어리석다. 癡[치] 어리석다. 恒[항] 항상, 늘.
途[도] 길. 沈[침] 잠기다. 賊[적] 도적.

자 경 문

야운 비구 지음

스스로 경책하는 머리말

주인공아! 나의 말을 들으라. 종종 사람들은 공문(空門)¹ 안에서 도를 깨치고 있는데 그대는 어찌하여 윤회고해의 세계에 빠져 길이 헤매는가? 그대는 비롯함이 없는 옛적부터² 오늘날에 이르기까지 깨달음을 등지고 번뇌에 계합하고 어리석음에 떨어져서, 언제나 악업을 일삼아 삼도(三途)³의 고통스러운 윤회에 들어가 제반선업을 닦지 않고 사생(四生)⁴의 업해(業海)에 잠기는구나.

---

¹空門[공문] 불교의 총칭. 일체법은 인연(因緣)을 따라 생겨난 것이므로 거기에 아체(我體), 본체(本體), 실체(實體)라 할 만한 것이 없으므로 제법개공(諸法皆空)의 교리를 펼치기에 공문이라 칭하고 있다.
²自…至[자…지] 고정격식으로 '…부터 …까지'라고 해석한다.
³三途[삼도] 축생·아귀·지옥의 삼악취.
⁴四生[사생] 생물이 태어나는 네 가지 형태, 곧 태생(胎生)·난생(卵生)·습생(濕生)·화생(化生)의 네 가지 생성 형태를 이르는 말.

　　　　신 수 육 적　　　고　　　혹 타 악 취　　　　즉 극 신 극 고　　　심 배
　　　　身隨六賊[5]故로 或墮惡趣[6]하면 則極辛極苦하고 心背

　　　　일 승　고　　　혹 생 인 도　　　　즉 불 전 불 후
　　　　一乘[7]故로 或生人道하면 則佛前佛後로다

　　　　금 역 행 득 인 신　　　　정 시 불 후 말 세　　　오 호 통 재
　　　　今亦幸得人身이나 正是佛後末世니 嗚呼痛哉라

　　　　시 수 과 여　　　수 연　　　여 능 반 성　　　할 애 출 가
　　　　是誰過歟아 雖然이나 汝能[8]反省하여 割愛出家하며

　　　　수 지 응 기　　　착 대 법 복　　　　이 출 진 지 경 로　　　학 무
　　　　受持應器[9]하고 著大法服하여 履出塵之逕路하고 學無

　　　　루　지 묘 법　　　여 룡 득 수　　　사 호 고 산　　　기 수 묘 지
　　　　漏[10]之妙法하면 如龍得水요 似虎靠山이라 其殊妙之

　　　　리　　불 가 승 언
　　　　理는 不可勝言이니라

或[혹] 혹시. 則[즉] …하면. 極[극] 다하다, 극진하다, 매우, 심히.
辛[신] 쓰다. 背[배] 등, 등지다. 幸[행] 다행히. 正[정] 바르다, 마침, 바로.
呼[호] 부르다, 아!, 탄식소리. 痛[통] 아프다. 過[과] 허물.
歟[여] 어기사, 의문. 省[성] 살피다, 분명하다.
割[할] 가르다, 끊다. 逕[경] 소로, 지나다. 漏[루] 새다, 번뇌.
妙[묘] 오묘하다. 似[사] 같다. 靠[고] 기대다, 의지하다.
殊[수] 베다, 다르다, 특히, 뛰어나다.

몸은 여섯 도적[六賊]을 따르기 때문에 악취(惡趣)에 떨어지면, 몸은 고생하고 아주 괴롭게 되며, 마음은 일승(一乘)을 등지므로 인간세상에 난다 해도 부처님이 세상에 계시기 전이나 입적하신 후의 세상에 태어난다.

지금 다행히 사람 몸을 받았더라도 마침 부처님 가신 뒤의 말세이니, 오호, 아프도다.

이는 누구의 허물인가? 비록 그렇더라도 그대가 마침내 돌이켜 성찰하여 애증(愛憎)을 끊고 출가하여 발우를 받아지니고 훌륭한 법복을 입고, 번뇌를 벗어나는 지름길로 나아가 샘[漏]이 없는 미묘법을 배운다면, 마치 용이 물을 얻음과 같고 범이 산을 의지한 것과 같아서 그 뛰어나게 오묘한 이치는 아무리 좋은 말로 해도 다할 수 없을 것이다.

---

[5]六賊[육적] 안(眼)·이(耳)·비(鼻)·설(舌)·신(身)·의(意)의 집착경계 등을 말한다. 이것이 삼독을 일으켜 여러 가지 악업을 만들어 깨달음을 방해한다.
[6]惡趣[악취] 악업을 지은 사람이 죽어서 간다는 세계. 지옥(地獄)·아귀(餓鬼)·축생(畜生) 등의 삼악도(三惡途)를 이른다.
[7]一乘[일승] 범어 eka-yana의 번역. 중생의 능력에 따라 깨달음에 이르게 하는 오직 하나뿐인 붓다가 되는 가르침 또는 수행 방법. 법화경에서 회삼귀일(會三歸一)이라고 하여 삼승은 일승으로 돌아간다고 하였다.
[8]能[능] 부사로서 '乃(내)'와 같으며, '곧', '마침내'라고 해석한다.
[9]應器[응기] 응량기(應量器)의 줄임말. 수행자에게 알맞는 시기. 발우라고도 한다.
[10]無漏[무루] 루(漏)는 누설(새다)의 뜻으로 모든 번뇌를 말한다. 즉 안·

人有古今_{이나} 法無遐邇_며 人有愚智_나 道無盛衰_{니라}
雖在佛時_나 不順佛教則何益_{이며} 縱值末世[11]_나 奉行
佛教則何傷_{이리요}
故_로 世尊 云_{하사대} 我如良醫_라 知病設藥_{이니} 服與不
服_은 非醫咎也_{니라} 又如善導_니 導人善道_나 聞而不
行_은 非導過也_라 自利利人_이 法皆具足_{하니} 若我久
住_{라도} 更無所益_{이라} 自[12]今而後[13]_로 我諸弟子ㅣ 展轉

遐[하] 멀다. 邇[이] 가깝다. 在[재] 살고 있다. 則[즉] …하면.
縱[종] 늘어지다, 방종, 가령, 설령. 値[치] 만나다, 당하다.
傷[상] 상처, 상하다. 良[량] 좋다, 어질다, 진실로.
醫[의] 의원, 치료하다. 設[설] 베풀다. 服[복] 옷, 좇다, 약을 먹다.
咎[구] 허물, 재앙. 導[도] 길잡이, 가르쳐 인도하다.
展[전] 펴다, 구르다. 過[과] 허물.
具[구] 갖추다. 足[족] 가득차다, 충족하다.
更[갱] 다시. 展[전] 펴다, 구르다, 굴리다. 轉[전] 구르다, 굴리다.

사람에게는 옛과 지금이 있을지언정 법(法)에는 멀고 가까움이 없으며, 사람에게는 어리석음과 지혜가 있을지언정 도(道)에는 번성함과 쇠멸함이 없다.

비록 부처님 재세시에 살았더라도 부처님의 가르침을 따르지 않는다면 무슨 이익이 있겠으며, 비록 말세를 만났다 할지라도 부처님의 가르침을 받들어 행한다면 무슨 상함이 있겠는가.

때문에 세존께서, "나는 어진 의사와 같다. 병을 알고 약을 베풀지만 먹고 안 먹는 것은 의사의 허물이 아니다. 또한 나는 좋은 안내자와 같다. 사람들에게 좋은 길로 가르쳐 인도하지만 듣고도 가지 않는 것은 안내자의 허물이 아닌 것이다. 스스로 이롭고 남을 이롭게 하는 것은 법에 다 갖춰져 있으므로 내가 이 세상에 오래 머문다 한들 다시 더 이익될 것이 없다. 지금부터 이후로는 나의 모든 제자들이 (여래의 법륜을) 굴려 행하면 여래의 법신이 항상 머물러 불멸할 것이다"고 말씀하셨으니 이와

이·비·설·신·의의 육근(六根)에서 허물을 항상 만들고 누출한다는 뜻이다. 이런 번뇌가 없음을 무루라고 한다.

[11]末世[말세] 부처님께서 입멸하고 나서 세월이 흘러 부처님이 설한 법이 실행되지 않는다는 말법(末法)의 세상.

[12]自[자] 전치사로서 시간·장소의 기점이나 시점을 나타낸다. '…로부터'라고 해석하거나 해석하지 않는다.

[13]而後[이후] 부사로서 어떤 동작이나 상황을 이어줌을 나타내며 '…하고 나서', '이후에', '비로소' 등으로 해석한다.

行之면 則如來法身[14]이 常住而不滅也라하시니 若知如
是理면 則但恨自不修道언정 何患乎[15]末世也리요
伏望하노니 汝須[16]興決烈之志하며 開特達之懷하고 盡
捨諸緣하고 除去顚倒하며 眞實爲生死大事하여 於祖師
公案[17]上에 宜善參究[18]하여 以大悟로 爲則하고 切莫自
輕而退屈이어다 惟斯末運에 去聖時遙하여 魔强法弱하고
人多邪侈하여 成人者少하고 敗人者多하며 智慧者寡하고

恨[한] 한탄하다, 뉘우치다. 患[환] 근심하다, 걱정하다.
伏[복] 엎드려 …하다, 간절하다. 興[흥] 일어나다, 일으키다.
決[결] 터지다, 결단하다. 烈[렬] 맵다, 세차다, 불사르다.
特[특] 수컷, 뛰어나다, 특(별)히. 顚[전] 꼭대기, 뒤집다, 넘어지다.
倒[도] 넘어지다, 거꾸로하다. 宜[의] 마땅히 …해야 한다.
參[참] 간여하다. 究[구] 다하다, 연구하다. 切[절] 결코.
斯[사] 이(것). 運[운] 시운. 遙[요] 멀다, 아득하다.
邪[사] 그릇되다. 人[인] 사람답다. 侈[치] 사치하다, 오만하다.
寡[과] 적다, 과부, 나(임금의 겸칭).

같은 이치를 안다면, 다만 스스로 게을러 닦지 못함을 한탄해야지, 어찌 말세만 걱정하고 있겠는가.

간절히 바라노니, 그대는 반드시 결연하고 열렬한 뜻을 일으켜 특별히 뛰어난 생각을 열어서 모든 인연을 다 버리고 뒤바뀐 소견을 없애고, 참으로 생사의 큰 일을 위해 조사의 화두[公案]에서 마땅히 잘 참구하여서 큰 깨침으로서 법칙을 삼고 결코 가벼이 물러나 뜻을 굽히지 말아야 한다. 생각하건대 이 말법 세상은 성인이 가신 지도 오래되어 마(魔)는 강하고 법(法)은 약하며 사람들은 삿되고 사치함이 많아져서 사람다움을 이루는 자는 적고 사람다움을 망치는 자는 많으며, 지혜로운 자는 적고 어리석은 자는 많아서 자기 자신은 도를 닦지 않고 또한 남만 괴롭힌다. 무릇 도를 가로막는 인연이 많음은 그것을 말로서는

[14]法身[법신] 부처님의 몸을 셋으로 구분한 삼신(三身)의 하나. 부처님께서 설하신 정법(正法)을 말한다. 우주에 존재하는 모든 것의 근본 모습이다. 삼신은 법신(法身)·보신(報身)·응신(應身).
[15]乎[호] 於의 뜻이 있으며, 전치사로서 동작·행위의 대상을 이끌어낸다. '…을', '…에 대하여', '…에게' 등으로 해석한다.
[16]須[수] '…하지 않으면 안 된다', '반드시 …해야 한다'라고 해석한다.
[17]公案[공안] 선종(禪宗)에서 도를 깨치게 하기 위하여 제시된 고칙(古則)을 이르는 말. 화두.
[18]參究[참구] 참선(參禪)을 하여 진리를 연구함. 스승이 준 화두를 해결하려고 노력함.

우치자중   자불수도   역뇌타인   범유장도지
愚癡者衆하여 自不修道하고 亦惱他人하나니 凡有障道之

연   언지부진
緣은 言之不盡이라

공여착로고   아이관견   찬성십문   영여
恐汝錯路故로 我以管見[19]으로 撰成十門하여 令汝

경책   여수신지   무일가위   지도지도   송
警策하노니 汝須信持하여 無一可違를 至禱至禱하노라 頌

왈
曰

우심불학증교만   치의무수장아인
愚心不學增憍慢이요 癡意無修長我人[20]이로다

공복고심여아호   무지방일사전원
空腹高心如餓虎요 無知放逸似顚猿이로다

愚[우] 어리석다, 고지식하다. 癡[치] 어리석다.
惱[뇌] 괴로워하다, 괴롭히다. 有[유] 많다. 凡[범] 무릇, 대개
恐[공] 두려워하다, 걱정하다. 錯[착] 섞이다, 착각, 어긋나다.
管[관] 피리, 대롱, 맡아 다스리다. 撰[찬] 짓다, 가지다.
警[경] 경계하다, 깨우다. 策[책] 채찍, 경계. 違[위] 어기다.
禱[도] 빌다, 기도. 憍[교] 교만하다. 慢[만] 게으르다, 거만하다.
長[장] 기르다. 腹[복] 충심(忠心), 진정에서 우러나는 마음.
餓[아] 주리다, 몹시 굶주리다. 顚[전] 뒤집다. 猿[원] 원숭이.

다하지 못한다.

그대가 길을 착각하여 잘못 들까 걱정이 되는 까닭에 좁은 소견[管見]으로 열 가지 문을 마련해 그대들에게 경책이 되게 하노니, 부디 믿고 하나라도 어기지 말기를 지극한 마음으로 비노라. 게송으로 이른다.

마음이 어리석어서 배우지 않으면 교만한 마음만 더하고,
뜻이 어리석어서 닦지 않으면 아상·인상만 기른다.
진정한 마음은 비고 기분만 높이면 마치 주린 범과 같고,
앎이 없이 방일하면 재주만 많은 잔나비 같아진다.

[19] 管見[관견] 대롱의 구멍을 통하여 내다보는 견해. 좁은 소견의 비유. 자기의 견식을 겸손하게 표현하는 말이기도 하다.
[20] 我人[아인] ① 원각경에 "일체의 중생이 무시 이래로 망상에 집착되어 아(我)와 인(人)과 중생(衆生)과 수명(壽命)의 네 가지 전도(顚倒)가 실아(實我)의 체(體)가 된다고 알고 있다"고 한 데서 온 아상(我相)과 인상(人相).
② 금강경에서 거론하고 있는 4상(四相) 중에서 당시 브라흐만 교에서 주장하던 영원한 생명자리로서의 아뜨만(我)이 존재한다'는 사상과 부파불교 중 독자부에서 주장하던 '생사를 초월한 영원한 개아(個我)가 있다'는 사상.

邪言魔語肯受聽하고 聖敎賢章故不聞이로다

善道無因誰汝度[21]요 長淪惡趣苦纏身이니라

其一은 軟衣美食은 切莫受用이어다

自從耕種로 至于口身히 非徒[22]人牛의 功力

多重이라 亦乃傍生[23]의 損害無窮이어늘 勞彼功而[24]利

我랴 尙不然也온 況殺他命而活己를 奚[25]可忍乎[25]아

農夫도 每有飢寒之苦하고 織女도 連無遮身之衣온

肯[긍] 옳이 여기다, 즐기다. 故[고] 짐짓, 일부러. 誰[수] 누구.
淪[륜] 물놀이, 잠기다, 빠져들다. 纏[전] 얽히다, 묶다.
軟[연] 부드럽다. 耕[경] 밭 갈다, 고르다. 傍[방] 곁, 옆.
損[손] 덜다, 손해를 보다. 窮[궁] 다하다, 궁구하다. 尙[상] 오히려.
況[황] 하물며. 奚[해] 어찌. 忍[인] 차마 …하다.
每[매] 매양, 늘, 언제나, 자주. 飢[기] 주리다.
寒[한] 차다. 織[직] 짜다, 조직하다. 連[연] 잇닿다, 연하여, 계속하여.

삿된 말과 마구니의 말은 즐겨 받아 듣고,
성인의 가르침과 현자의 글은 짐짓 듣지 않는구나.
선한 도의 인연이 없으면 누가 그대를 건네주겠는가?
길이 악취에 빠져들면 괴로움이 자신을 얽어 맬 텐데.

첫째: 부드러운 의복이나 맛있는 음식은 결코 받아쓰지 말라.

밭 갈고 씨 뿌릴 때부터 입과 몸에 이르기까지 사람과 소의 공력이 많고 무거울 뿐만 아니라 또한 이에 축생의 손해가 다함이 없거늘, 힘쓴 저 공이 곧 나를 이롭게 할지라도 오히려 그렇지 않은데, 다른 목숨을 죽여서 자기를 살리는 그런 일을 어찌 차마 할 수 있겠는가.

농부도 굶주리고 추운 고통이 자주 있고, 베 짜는 여인도 몸 가릴 옷이 없을 때가 있는데,

[21] 誰汝度[수여도] 의문사일 때 목적어(빈어) '汝'가 동사 '度'의 앞에 도치된 형태.
[22] 非徒[비도] 관용사조로 '(단지) …뿐만 아니라'의 뜻이다. '비독(非獨: …일 뿐더러 …뿐만 아니라), 비유(非惟), 비직(非直: 단지 …뿐만 아니라, …에 그치지 않아), 비특(非特)'도 같은 해석의 뜻을 갖고 있다.
[23] 傍生[방생] 축생(畜生)의 다른 표현이다.
[24] 而[이] 순접 접속사 '또', '또한', '곧', '이로 인하여' 등의 뜻. 번역 않기도 함.
[25] 奚…乎[해…호] 고정격식으로 '어찌 …하겠는가'라는 반어문 형식.

況我長遊手어니 飢寒에 何厭心이리요

軟衣美食은 當恩重而損道요 破衲蔬食은 必施

輕而積陰이라 今生未明心하면 滴水也26難消니라 頌曰

菜根27木菓慰飢腸하고 松蘿(落)28草衣遮色身이어다

野鶴靑雲爲伴侶하고 高岑幽谷度殘年이어다

其二는 自財不吝하고 他物莫求어다

三途苦上에 貪業在初요 六度29門中에 行檀30居

長[장] 길이. 遊[유] 놀다, 놀리다. 厭[염] 싫어하다. 軟[연] 부드럽다.
損[손] 덜다. 衲[납] 깁다, 옷을 수선하다. 蔬[소] 푸성귀, 채소.
積[적] 쌓다. 陰[음] 숨다, 드러나지 않다.
滴[적] 물방울, 극히 적은 분량의 비유.
消[소] 사라지다, 녹다, 녹아 없어지다. 菜[채] 나물, 푸성귀.
菓[과] 실과, 나무의 열매. 腸[장] 창자, 마음. 伴[반] 짝.
侶[려] 짝, 벗하다. 岑[잠] 봉우리, 높다. 幽[유] 그윽하다, 깊숙하다.
度[도] 건너다, 건네다. 殘[잔] 해치다, 남다.
吝[린] 아끼다, 인색하다. 檀[단] 박달나무, 베풀다, 시주하다.

하물며 나는 길이 손을 놀리면서 주리고 추움에 어찌 싫어하는 마음을 내겠는가?

부드러운 옷과 맛있는 음식은 당연히 은혜가 무거워서 도를 덜고, 기운 옷이나 푸성귀 음식은 반드시 시주가 가벼워 음덕을 쌓는다. 금생에 마음을 밝히지 못한다면 한 방울 물의 은혜도 녹여 없애기가 어려우리라. 게송으로 이른다.

푸성귀와 나무 열매로 주린 창자를 위로하고
소나무 겨우살이 잎새와 풀옷으로 몸을 가리며
들에 노는 학과 푸른 하늘의 구름으로 벗을 삼고
높은 봉우리 깊숙한 계곡에서 여생을 보낼지어다.

둘째: 내 재물은 아끼지 말고, 남의 재물은 탐하지 말라.

삼악도의 괴로움에는 탐내는 업이 첫번째이고, 육바라밀의 실천문(門)에서는 보시를 행하는 것이 맨 앞에 있다. 아끼고 탐

---

[26] 也[야] 부사로서 상황의 진전이나 강조를 나타내며 '또한', '…도'라고 해석한다.

[27] 菜根[채근] 채소의 뿌리. 무, 당근 등 변변치 못한 음식. 채마, 채소 등.

[28] 松蘿[송라] 소나무 겨우살이이다. 담쟁이와 거의 같다. 언해본을 필두로 오늘날 대부분의 유통본들이 송락(松落)으로 오기하고 있는데, 이는 비구니들이 예전에 만들어 쓰던 소나무 겨울살이 모자인 '송낙'의 영향을 받아 한자음 '송라'에 폐쇄음 강세조사인 'ㄱ'이 추가되어 '송락'으로 음운변화가 일어나 송락(松落)으로 오인한 현상이 아닌가 한다. '소나무의 떨어진 송엽'으로 해석한 이도 있다. 기팔(其八)의 게송에서 '松風蘿月'을 보면 이해에 도움이 될 것이다.

[29] 六度[육도] 육바라밀(六波羅蜜)이라 하며 대승불교의 보살이 수행에서 열반에 이르는 여섯 방편. 보시(布施)·지계(持戒)·인욕(忍辱)·정진(精

首니 慳貪³¹能防善道요 慈施必禦惡徑이니라 如有貧
人이 來求乞이어든 雖在窮乏이라도 無恪惜하라 來無一
物來오 去亦空手去라 自財도 無戀志어든 他物에 有
何心이리요 萬般將不去요 唯有業隨身이라 三日修心은
千載寶요 百年貪物은 一朝塵이니라 頌曰
三途苦本因何起오 只是多生³²貪愛情이로다
我佛衣盂生理³³足컨늘 如何蓄積長無明³⁴이리오

首[수] 머리, 시초. 慳[간] 아끼다. 能[능] 능히. 禦[어] 막다, 맞서다.
徑[경] 길, 지름길. 如[여] 만일. 貧[빈] 가난하다.
乞[걸] 빌다. 在[재] …에 처해 있다. 窮[궁] 가난하다.
乏[핍] 가난하다, 고달프다. 恪[린] 아끼다, 인색하다(=吝). 惜[석] 아끼다.
戀[련] 연연해 하다. 般[반] 가지, 종류.
將[장] 장차, 막 ~하려하다, 가지다. 有[유] 많다. 載[재] 싣다, 해.
塵[진] 티끌, 흙먼지. 只[지] 다만, 뿐, 오직.
盂[우] 발우, 사발. 蓄[축] 쌓다. 積[적] 쌓다. 長[장] 길이.

욕함은 신도를 막게 하고, 자비로운 베풂은 악한 길을 막게 한다. 만일 가난한 사람이 와서 구걸하면 비록 궁핍한 처지라 하더라도 인색함이 없어야 한다. 세상에 나올 때 한 물건도 없이 왔듯이 갈 때도 또한 빈손으로 간다. 자신의 재물임에도 연연하는 마음이 없어야 하거늘 다른 이의 재물에 어찌 마음을 두겠는가? (죽을 때 가서는) 갖은 재물 가져갈 수도 없고 자신을 따르는 업이 있을 뿐이다. 삼일만 마음을 닦아도 천 년 누릴 보배와 같고, 백 년 동안 탐욕으로 재물을 모은 것은 하루아침에 날아갈 티끌과 같다. 게송으로 이른다.

삼악도의 고(苦)는 본디 무엇으로 일어나는가?
오직 다생의 탐욕과 애증의 마음으로 일 뿐.
부처님의 법의와 발우만으로도 삶이 충분하거늘
어찌 길이 무명만을 축적하랴?

進)·선정(禪定)·지혜(智慧).
[30]行檀[행단] 단(檀)은 단나(檀那: dana)의 약자. 단나는 보시(布施)라 번역한다.
[31]慳貪[간탐] 물건을 아끼고 남에게 보시하지 않으며, 탐하여 구하면서 만족할 줄 모르는 마음.
[32]多生[다생] 어떤 시간이나 단위로도 계산할 수 없는 무한히 긴 시간 동안의 삶.
[33]生理[생리] 만물생육의 원리. 인간으로 생(生)을 받은 까닭. 살아가는 길.
[34]無明[무명] 번뇌로 말미암아 진리에 어두운 상태.

其三^{기삼} 口無多言^{구무다언}하고 身不輕動^{신불경동}이어다

身不輕動^{신불경동}하면 則息亂成定^{즉식란성정}이요 口無多言^{구무다언}하면 則轉愚^{즉전우}

成慧^{성혜}니라 實相離言^{실상이언}이요 眞理非動^{진리비동}35이라

口是^{구시}36 禍門^{화문}이니 必加嚴守^{필가엄수}하고 身乃災本^{신내재본}이니 不應^{불응}

輕動^{경동}이라 數飛之鳥^{삭비지조}는 忽有羅網之殃^{홀유라망지앙}이요 輕步之獸^{경보지수}는

非無傷箭之禍^{비무상전지화}니 故^고로 世尊^{세존}이 住雪山^{주설산}37하되 六年^{육년}

坐不動^{좌부동}38하시고 達磨^{달마}39 居少林^{거소림}하사 九歲默無言^{구세묵무언}하시니 後來^{후래}

則[즉] …면, 면 곧…. 定[정] 'samādhi'의 번역, 산란하지 않은 상태.
轉[전] 굴리다, 돌리다, 옮기다. 愚[우] 어리석다. 乃[내] 이에, 곧.
災[재] 재앙, 화재. 數[삭] 자주, 세다.
忽[홀] 느닷없이, 갑자기, 생각지 않게
羅[라] 새그물, 펼치다. 網[망] 그물. 殃[앙] 재앙. 獸[수] 길짐승.
傷[상] 상처, 다치다. 箭[전] 화살. 禍[화] 불행, 근심.

셋째: 입은 말이 많지 않아야 하고, 몸은 가벼이 움직이지 않아야 한다.

몸이 가벼이 움직이지 않으면 어지러움을 쉬고 선정을 이루며, 입이 많은 말이 없으면 어리석음을 돌려서 지혜를 이루게 된다. 실상(實相)은 말을 떠나 있고, 진리는 움직이는 것이 아니기 때문이다.

입은 화의 문이니 반드시 엄하게 지켜야 하고, 몸은 곧 재앙의 바탕이니 가벼이 움직이면 안 된다. 자주 나는 날짐승은 느닷없이 그물에 걸리는 재앙이 있고, 가벼이 나다니는 길짐승은 화살에 맞아 상하는 화가 없지 않다. 그러므로 세존께서는 설산에서 육 년 동안 앉으셔서 움직이지 않으셨고, 달마대사는 소림굴에서 구 년 동안 묵묵히 말이 없으셨다. 후세에 선에 참여하는 이들이 어찌 옛 자취를 의거하지 않으리. 게송으로 이른다.

[35]非動[비동] '非'는 명사를 부정하기에 '動'은 '움직이는 것' 또는 '움직임'이라고 해석한다.
[36]是[시] 계사로서 '…이다'라고 해석한다.
[37]雪山[설산] 히말라야가 만년설에 덮여 있어 별명으로 부르는 이름. 부처님께서 깨달음을 이루기 위해 초기에 수행하시던 곳.
[38]六年坐不動[육년좌부동] 선가(禪家)의 측면에서 본 너무 경도된 견해이다. 세존께서는 출가 6년 간의 고행(苦行) 수련을 하였으나 그마저 버리고 6일간의 명상 끝에 정각을 이루셨다.
[39]達磨[달마] 중국 남북조시대의 선승(禪僧)으로 중국 선종의 시조이다. 남인도 향시국(香至國)의 왕자로 싱장하어 승려가 되었다. 양무제 시대에 중국으로 건너와 북위의 승산 소림굴에서 9년 동안 면벽(面壁)한 후 혜가(慧可)에게 법을 전하였다.

참선자   하불의고종   송왈
參禪者ㅣ 何不依古蹤⁴⁰이리요 頌曰

   신심파정원무동   묵좌모암절왕래
   身心把定元無動하고 默坐茅庵絶往來어다

   적적요료무일사   단간심불자귀의
   寂寂寥寥無一事하고 但看心佛自歸依어다

   기사   단친선우   막결사붕
   其四는 但親善友하고 莫結邪朋하라

   조지 장 식   필택기림   인지구학   내 선
   鳥之⁴¹將⁴²息에 必擇其林이요 人之求學에 乃⁴³選

사우   택임목   즉기지야   안   선사우   즉기학
師友니 擇林木하면 則其止也⁴⁴安하고 選師友하면 則其學

야 고
也高니라

蹤[종] 자취, 뒤를 좇다. 把[파] 잡다.
茅[모] 띠, 띠를 베다, 띠로 엮어 얹은 집.
寥[요] 쓸쓸하다, 휑하다, 텅비다. 看[간] 보다.
朋[붕] 벗, 친구. 擇[택] 가리다, 고르다. 選[선] 가리다, 가려뽑다.

몸과 마음은 정에 들어 동하지 않음을 으뜸으로 하고,
띠풀 엮은 암자에 묵연히 앉아 거래를 끊으라.
적적하고 휑한 마음으로 하나의 일조차 없이 하여
오직 마음의 부처를 보고 스스로 귀의할지니.

넷째: 오직 선한 벗을 가까이 하고 그릇된 벗을 사귀지 말라.

새들이 쉬려 할 때는 반드시 숲을 가리고, 사람이 배움을 찾을 때는 곧 스승과 벗을 가린다. 숲과 나무를 가리면 그 쉬는 자리가 편안하고, 스승과 벗을 가리면 그 배움이 높아진다.

---

[40]古蹤[고종] 고로(古路), 고경(古經)이라고도 한다.
[41]之[지] 주격보조사 '은, 는'으로 해석한다.
[42]將[장] '장차', '…하려하다'로 해석한다.
[43]乃[내] 부사로서 두 가지 일이 서로 이어지거나 서로 원인이 됨을 나타내며 대부분 아랫구의 첫머리에 쓰여 강조의 어기를 나타낸다. '곧 …이다'로 해석한다.
[44]也[야] 어기조사로서 주어나 부사어 뒤에 쓰여서 뜻을 강조한다.

故로 承事善友는 如父母하고 遠離惡友는 似寃家니라
鶴無烏朋之計이니 鵬豈鷦友之謀45리오 松裏之葛은
直聳千尋이요 茅中之木은 未免三尺이니 無良小輩는
頻頻46脫하고 得意高流는 數數47親이어다 頌曰

住止經行須善友하여 身心決擇去荊塵이어다
荊塵掃盡通前路하면 寸步不移乙透祖關48이니라

其五는 除三更49外에 不許睡眠이어다

承[승] 받들다, 계승하다. 事[사] 일, 섬기다. 如[여] 마치 …같다.
似[사] 같다. 寃[원] 원수, 원통하다. 烏[오] 까마귀. 朋[붕] 벗(하다).
計[계] 꾀하다. 鵬[붕] 대붕새. 鷦[초] 뱁새. 謀[모] 꾀하다.
裏[리] 안, 속. 葛[갈] 칡, 덩굴. 聳[용] 솟다, 높이 솟다.
尋[심] 찾다, 생각하다. 발(7尺, 8尺). 茅[모] 띠. 免[면] 면하다.
頻[빈] 자주, 번번이. 數[삭] 자주. 經[경] 다니다.
荊[형] 가시, 모형나무. 掃[소] 쓸다, 버리다. 透[투] 통하다, 뛰어넘다.
更[경] 시간.

그러므로 좋은 벗을 섬기는 것은 마치 부모와 같이 하고, 나쁜 벗을 멀리 여의는 것은 원수의 집과 같게 하라.

학도 까마귀와 벗하고자 꾀하지 않는데, 붕새가 어찌 뱁새와 벗하기를 꾀하겠는가? 솔숲의 칡덩굴은 (소나무에 의지해) 천 길을 오르고, 띠풀 속의 나무는 세 자[三尺]를 면하지 못한다. 어질지 못한 소인배는 매 번 멀리하고, 뜻을 성취한 훌륭한 이들은 자주 가까이하라. 게송으로 이른다.

머물거나 길을 감에 모름지기 벗을 잘 사귀고,
몸과 마음은 결연히 가려서 가시 같은 장애요인을 없애라.
가시 같은 장애요인을 다 소제하여 앞길이 훤히 트이면,
한 걸음도 움직이지 않고 조사의 관문을 통과하리라.

다섯째: 삼경(三更) 외에는 잠자지 말라.

---

[45] 豈鷦友之謀[기초우지모] '어찌 뱁새의 벗이 되기를 꾀하리오'로 해석되어 의문부사 '豈'의 목적어 '鷦友'가 '之'의 도치작용에 의해 그 앞으로 도치되고 수식어 '謀'는 '之'의 뒤에 놓인 형식.
[46] 頻頻[빈빈] 잦은 모양.
[47] 數數[삭삭] 자주, 여러 번, 번번이의 뜻.
[48] 祖關[조관] 조사관(祖師關)으로서 조사의 깨달음에 들어가는 데 통과해야 하는 관문.
[49] 三更[삼경] 하룻밤을 다섯 때로 나누어 9시쯤부터 2경, 3경, 4경의 새벽 3시까지를 말한다. 자칫 3경의 자시(子時)를 말하는 이도 있는데 잘못 안 것이다.

曠劫障道는 睡魔[50]莫大[51]니 二六時中에 惺惺[52]起
疑而不昧하며 四威儀內에 密密廻光[53]而自看하라
一生空過면 萬劫追恨이니 無常刹那라 乃日日而
驚怖요 人命須臾라 實時時而不保니라
若未透祖關이면 如何[54]安睡眠이리 頌曰
睡蛇雲籠[55]心月暗하니 行人到此盡迷程이로다
箇中拈起吹毛[56]利하면 雲自無形月自明하리라

曠[광] 밝다, 넓다, 멀다. 惺[성] 영리하다, 슬기롭다, 깨닫다.
儀[의] 거동, 예의. 密[밀] 빽빽하다, 촘촘하다. 廻[회] 돌다, 돌리다.
那[나] 어찌, 어떻게. 驚[경] 경계하다, 놀라다, 겁나다. 怖[포] 두려워하다.
須[수] 모름지기, 잠깐. 臾[유] 잠깐, 만류하다. 睡[수] 졸다, 자다.
眠[면] 잠자다. 籠[롱] 대그릇, 삼태기. 迷[미] 미혹하다, 길을 잃어 헤매다.
程[정] 기둥, 길, 도로. 箇[개] 낱, 물건을 세는 단위.
拈[념] 집다, 손가락으로 쥠. 吹[취] 불다, 부추기다. 利[리] 예리하다.
自[자] 저절로.

아득한 세월 동안 도를 가로막는 것은 수마(睡魔)보다 큰 것이 없으니, 12시진(十二時辰; 24시간) 내내 똑똑히 깨어 의단을 일으키되 어둡지 말며, 행(行)·주(住)·좌(坐)·와(臥)의 거동으로 촘촘히 혜광을 되돌려 비춰 스스로 보라.

한평생 헛되이 지나면 만 겁에 한이 따르리니, 변하는 시간은 순식간에 지나가는지라 나날이 놀라고 두려워해야 한다. 사람의 목숨은 잠깐이라 실로 시간시간 보장할 수 없도다.

아직 조사의 관문을 뚫지 못하였다면 어찌 편안하게 잠들 수 있겠는가. 게송으로 이른다.

졸음뱀이 구름처럼 둘러치니 심월(心月)이 어두워지고,
수행자가 이에 이르면 다 길을 헤맨다.
여기에서 취모검의 예리한 칼날을 세워 쓰면
졸음뱀의 구름은 저절로 모습이 사라지고 심월도 절로 밝으리라.

[50]睡魔[수마] 참을 수 없을 정도로 퍼붓는 졸음을 마(魔)에 비유하여 일컫는 말.
[51]莫大[막대] '…보다 큰 것이 없다'라고 해석한다.
[52]惺惺[성성] 영리한 모양, 똑똑한 모양, 깨어있는 모양.
[53]廻光[회광] 회광반조(反照)의 준말. 언어문자에 의지하지 않고 반성(反省)하여 바로 심성을 비춰보는 것.
[54]如何[여하] 반문어기로서 '可否(가부)'를 묻고 '어찌', '어떻게'로 해석한다.
[55]睡蛇雲籠[수사운롱] 졸음이 뱀처럼 스르르 소리없이 오고 구름처럼 덮씌우듯 오는 것을 이르는 말.
[56]吹毛[취모] 날고 있는 털도 베어 끊을 정도로 잘 드는 칼.

其六은 切⁵⁷莫妄自尊大하고 輕慢他人이어다

修仁得仁에는 謙讓爲本이요 親友和友에는 敬信爲宗이니라

四相⁵⁸山漸高하면 三途⁵⁹海益深하나 外現威儀는 如尊貴나 內無所得은 似朽舟니라

官益大者는 心益小하고 道益高者는 意益卑니라 人我山崩處에 無爲⁶⁰道自成하나 凡有下心者는 萬福自歸依니라 頌曰

切[절] 결코, 기필코. 尊[존] 높다, 높이다, 중히 여기다.
修[수] 닦다, 행하다. 得[득] 이루어지다. 謙[겸] 겸손하다.
讓[양] 사양하다. 宗[종] 마루, 일의 근원. 途[도] 길. 益[익] 더욱.
如[여] 마치 …같다. 似[사] 같다. 朽[후] 썩다, 부패하다. 舟[주] 배.
卑[비] 낮다. 崩[붕] 무너지다. 凡[범] 무릇, 모두.

여섯째: 결코 망령되이 스스로 높이고 자만심으로 남을 가벼이 여기지 말라.

어짊을 닦아 어짊이 이루어지는 데는 겸손과 사양이 근본이 되고, 벗과 친하고 화목하게 지내는 데는 공경과 믿음이 근본이 된다.

아상·인상·중생상·수자상이 점점 쌓이면 삼악도의 바다는 더욱 깊어지나니, 밖으로 위엄을 드러내는 것은 마치 존귀한 듯하지만 안으로 얻을 것이 없음은 썩은 배와 같다.

벼슬이 높은 사람일수록 마음은 더욱 삼가고, 도가 높은 사람일수록 뜻은 더욱 낮춰야 한다. 인·아(人我)의 상(相)이 무너지는 곳에 무위도(無爲道)가 저절로 이루어지느니, 무릇 하심(下心)이 있는 사람은 만 가지 복이 저절로 돌아오게 된다. 게송으로 이른다.

---

[57]切[절] '간절하게', '통절하게'라는 의미에서 취소나 금지를 뜻하는 말이 되었다. '결코' 정도로 해석한다.

[58]四相[사상] 아상(我相)은 영원히 존재하는 아뜨만(我)이 있다는 견해 (금강경 역출 당시 브라흐만의 가치관). 인상(人相)은 인간이라는 개념으로 인격이 있어서 영원히 존재하고 윤회의 주체가 된다는 견해 (당시 부파불교 중 독자부의 견해). 중생상(衆生相)은 살아 있는 것은 모두 당체가 고정되어 있다는 견해(초기에 보살과 중생을 구분짓던 견해). 수자상(壽者相)은 불생불멸의 참생명(jiva)이 있다는 견해(당시 자이나교의 영혼 사상).

[59]三途[삼도] 축생도와 아귀도와 지옥도의 삼악도.

[60]無爲[무위] 범어 asaṃskṛta의 역어. 인연(因緣)에 의해 작위(作爲)되는 것이 아니고 생멸변화를 여읜 상주절대(常住絶對)의 법을 일컫는다.

僑慢塵中藏般若⁶¹요 我人山上長無明이라

輕他不學蹦踵老하면 病臥辛吟恨不窮이니라

其七은 見財色이어든 必須正念⁶²對之니라

害身之機는 無過女色이요 喪道之本은 莫及貨財니라

是故로 佛垂戒律⁶³하사 嚴禁財色하사대 眼覩女色이어든

如見虎蛇하고 身臨金玉이어든 等視木石하라

雖居暗室이나 如對大賓하고 隱現同時하며 內外莫異니라

僑[교] 교만하다. 慢[만] 거만하다. 藏[장] 감추다.
蹦[용] 본음은 '롱', 어린애 걸음, 종종걸음. 輕[경] 가볍다.
踵[종] 발꿈치, 거듭, 빈번히 걷는 모양. 辛[신] 맵다.
吟[음] 읊다, 괴로와서 끙끙거리다. 窮[궁] 다하다.
機[기] 일의 중요한 고동, 사북. 過[과] 지나치다, 넘치다. 喪[상] 잃다.
垂[수] 드리우다, 베풀다. 嚴[엄] 엄하다. 覩[도] 보다. 賓[빈] 손님.
隱[은] 숨다.

교만한 번뇌 속에 반야 지혜 감춰지고,
아상 인상의 굳은 집착에는 길이 무명을 기른다.
남을 가벼이 여기며 배우지 않고 종종걸음치는 늙은이 되면,
병들어 누워 신음하게 될 때 한탄함이 다함 없으리라.

일곱째: 재색(財色)을 보되 반드시 정념(正念)으로 대하지 않으면 안 된다.

몸을 해치는 요인은 색을 밝히는 것보다 더한 것이 없고, 도를 잃는 근본은 재화(財貨)에 미칠 것이 없다.

그런 까닭에 부처님이 계율을 베푸시어 특별히 재물과 색을 엄중히 금하셨으니, "(여)색을 보거든 마치 범이나 독사를 보듯 하고, 몸에 금이나 옥 등 재물이 생기거든 목석과 같이 보라"고 하셨다.

비록 캄캄한 방에 (혼자) 있더라도 마치 큰 손님을 대하듯이 하되, 안 보일 때나 보일 때나 한결같아야 하며 안과 밖을 달리

---

[61] 般若[반야] 만물의 본질을 이해하고 불법(佛法)의 참다운 이치를 깨닫는 좀더 본원적인 지혜.
[62] 正念[정념] ① 초심의 19쪽 주32를 보라.
② 계율에서 제시한 정신을 바로 관하여 수지하는 것.
[63] 戒律[계율] 불자가 지켜야 할 생활규범. '계'는 범어 'sīla'의 역어로서 '마음을 선쪽으로 길들임'의 뜻이며 '율'은 'vinaya'의 역어로서 '불교교단의 강제적인 규칙'을 말한다. '戒'가 자발적으로 지키는 뜻으로는 도덕과 비슷한 데 비하여, '律'은 타율적인 규칙으로 사회법률과 비슷하다. 그렇지만 수행자로서는 이를 적극적이고 자발적으로 지켜야 하므로 '戒'의 입장에서 '律'을 지켜야 하며 계와 율이 결합되어 '戒律'이라 칭해진 것이다.

心淨則善神必護하고 戀色則諸天不容하나니 神必護면
則雖難處而^{64}無難이요 天不容하면 則乃安方而不安이니라

頌曰

利欲閻王^{65}引獄鎖요 淨行陀佛接蓮臺니라
鎖拘入獄苦千種이요 船^{66}上生蓮樂萬般이니라

其八은 莫交世俗하야 令^{67}他憎嫉이어다
離心中愛曰沙門이요 不戀世俗曰出家니라

容[용] 담다, 용납하다. 乃[내] 곧. 方[방] 곳, 처소. 閻[염] 마을 문.
引[인] 이끌다. 獄[옥] 감옥. 鎖[쇄] 쇠사슬, 자물쇠, 쇠사슬로 붙들어 매다.
拘[구] 잡다, 잡히다. 接[접] 사귀다, 대접하다. 蓮[련] 연, 연꽃.
臺[대] 돈대, 대. 般[반] 가지, 종류. 交[교] 사귀다. 憎[증] 미워하다.
嫉[질] 질투하다.

하지 말라. 마음이 맑으면 선신이 반드시 보호하려니와, 색을 그리워하면 온갖 하늘이 용납지 않으리라. 신이 기필코 보호하면 비록 험난한 곳에 처하여도 어렵지 않게 되고, 하늘이 용납하지 않으면 곧 편안한 곳이라 해도 불안할 것이다. 게송으로 이른다.

이익에 욕심내면 염라대왕이 지옥에 데려다 가두고,
청정하게 행하면 아미타불께서 연화대로 영접하리라.
쇠사슬에 얽매여 지옥에 가면 고통스런 벌이 천 가지나 되고,
반야선을 타고 연화대에 나면 즐거운 일이 만 가지나 되리.

여덟째: 세속과 교류하여 다른 사람들로 하여금 미워하고 질투하게 하지 말라.

마음속에서 애증을 여의어야 사문이라 하고, 세속을 연연하지 않아야 출가라 할 것이다.

---

[64]而[이] 역접접속사로서 '그러나' 정도로 해석하거나 앞뒤 문맥에 맞추어 해석한다.
[65]閻王[염왕] 염마대왕(閻魔大王)의 약자. '염마'는 범어 'Yamaraja'의 역어. 염라대왕이라고도 한다. 저승의 왕으로서 죽은 자의 생전의 죄를 판정하여 상벌을 가한다고 한다.
[66]船[선] 반야선(般若船) 곧 고해(苦海)를 건너는 지혜의 배를 이른다.
[67]슈[령] 사역동사로서 '…하게 하다' 정도로 해석한다.

旣能割愛揮人世ㄴ니 復何白衣⁶⁸로 結黨遊리요 愛戀
世俗은 爲饕餮⁶⁹이니 饕餮은 由來로 非道心이니라
人情濃厚하면 道心疏니라 (冷却⁷⁰人情永不顧니라)*
若欲不負出家志ㄴ댄 須向⁷¹名山窮妙旨하되 一衣
一鉢로 絶人情하면 飢飽에 無心道自高니라 頌曰
爲他爲己雖微善이나 皆是輪廻生死因이니라
願入松風蘿月⁷²下하야 長觀無漏⁷³祖師禪⁷⁴이어다

割[할] 가르다, 끊다. 揮[휘] 휘두르다, 떨쳐내다.
饕[도] 탐하다, 음식을 탐하다. 餮[철] 탐하다, 음식을 욕심내어 먹다.
濃[농] 짙다, 정이 도탑다. 厚[후] 두텁다, 마음쓰는 정도가 살뜰하게 크다.
疏[소] 트다, 성기다. 欲[욕] …하려하다.
負[부] (등에) 지다, 싸움에 지다, 저버리다.
窮[궁] 궁구하다, 깊이 연구하다. 旨[지] 뜻, 맛. 鉢[발] 발우, 바리때.
飢[기] 주리다. 飽[포] 배부르다. 自[자] 저절로. 雖[수] 비록 …지라도.
微[미] 작다. 是[시] …이다. 蘿[라] 소나무 겨우살이, 담쟁이.
長[장] 길이. 漏[루] 새다, 번뇌.

이미 애증을 끊고 세속을 떨쳐냈는데 다시 어찌 속인들과 무리지어 놀겠는가. 세속을 애착하여 그리워함은 음식이나 재물을 탐내는 도철이 되는 것이니, 도철이란 본디 도 닦는 마음이 아닌 (짐승인) 것이다.

인정이 진하고 두터우면 자연 도 닦는 마음이 성글어진다. (인정을 냉정히 하여 다시는 돌아보지 않아야 할 것이다.)

만일 출가의 본뜻을 저버리지 않으려면 모름지기 훌륭한 산에 가서 미묘한 이치를 궁구하되 한 벌의 옷과 한 벌의 발우로 인정을 끊으라. 주리고 배부름에 무심해지면 도는 저절로 높아질 것이다. 게송으로 이른다.

남을 위하고 자기를 위하는 것이 비록 작은 선(善)일지라도,
모두다 생사를 윤회하는 원인이다.
바라건대 송풍나월(松風蘿月)의 산중에 들어가서
무루의 조사선(祖師禪)을 길이 관할지어다.

---

[68]白衣[백의] '염색하지 않은 옷'으로 치의(緇衣)에 대하여 '속인'을 이른다.
[69]饕餮[도철] 음식과 재물을 탐냄. 또는 그러한 전설상의 동물.
[70]却[각] 위의 동사의 움직임이 완전히 끝났음을 보여주는 구말어기사.
[71]向[향] 장소를 나타내는 전치사. '…에서' 정도로 새긴다.
[72]蘿月[라월] 소나무 등걸을 타고 올라간 소나무 겨우살이 이파리에 걸쳐 보이는 달.
[73]無漏[무루] 범어 anāsrava의 역어. 분별집착에서 누출되던 일체의 번뇌가 멸진되어 샘이 없는 여여한 경지.
[74]祖師禪[조사선] 보리달마 이래로 이이은 선(禪). 불립문자 직지인심(不立文字 直指人心)을 주장하는 육조 혜능(惠能) 문하의 남종선. 이 용어를 최초로 사용한 선승은 위앙종의 개조인 앙산혜적(仰山慧寂) 선사.

기구   물설타인과실
其九는 勿說他人過失하라

수문선악   심무동념   무덕이피찬   실오참
雖聞善惡이나 心無動念이니 無德而被讚은 實吾慚

괴   유구이몽훼   성아흔연
愧요 有咎而蒙毀는 誠我欣然이라

흔연즉   지과필개   참괴즉진도무태
欣然則[75]知過必改요 慚愧則進道無怠니라

물설타인과   종귀필손신   약문해인언
勿說他人過하라 終歸必損身이니라 若聞害人言이어든

여훼부모성   금조   수설타인과   이일   회
如毀父母聲하라 今朝에 雖說他人過나 異日에 回

두   논아구   수연   범소유상   개시허망
頭하여 論我咎니 雖然이나 凡所有相은 皆是虛妄[76]이니

慚[참] 부끄러워하다. 愧[괴] 부끄러워하다. 勿[물] …하지말라.
過[과] 허물. 失[실] 잘못. 而[이] 그러나. 吾[오] 나.
咎[구] 허물. 蒙[몽] 입다, 입히다. 毀[훼] 헐다. 誠[성] 진실로.
欣[흔] 기쁜 마음으로 받아들이다. 損[손] 덜다, 손해를 보다, 헐뜯다.

아홉째: 남의 과실을 말하지 말라.

비록 선하거나 악한 말을 듣더라도 마음은 움직이는 생각이 없어야 한다. 덕 없이 칭찬을 듣는 것은 참으로 나의 부끄러움이요, 허물이 있어서 헐뜯음을 듣게 되면 진실로 나의 기쁨이다.

(허물을) 기쁜 마음으로 받아들이면 허물을 알아 반드시 고칠 것이고, (칭찬을) 부끄러워한다면 도에 나아감에 게으름이 없을 것이다.

다른 사람의 허물을 말하지 말라. 마침내 자신을 헐뜯음으로 돌아온다. 남을 해치는 말을 들으면 마치 나의 부모를 헐뜯는 말처럼 들으라. 오늘 아침에 비록 남의 허물을 말하지만 다른 날엔 (그 말이) 머리를 돌려 나의 허물을 논하게 될 것이다. 비록 그렇더라도 무릇 상(相)이 있는 것은 다 헛되고 망령된 것이니, 욕하고 헐뜯고 기리고 칭찬함에 어찌 근심하고 어찌 즐거워

[75] 則[즉] 부사로서 어떤 사실을 확인하고 주로 판단문에 쓰이며 '…하면'이라고 새긴다.

[76] 凡所有相 皆是虛妄[범소유상 개시허망] 금강경 제5분 게송의 제 1, 2구이다. 나머지는 '약견제상비상 즉견여래(若見諸相非相 則見如來)'.

^{기 훼 찬 예} ^{하 우 하 희} ^{송 왈}
譏毁讚譽에 何憂何喜[77]리요 頌曰

^{종 조 난 설 인 장 단} ^{경 야 혼 침 낙 수 면}
終[78]朝亂說人長短타가 竟[79]夜昏沈樂睡眠이로다

^{여 차 출 가 도 수 시} ^{필 어 삼 계 출 두 난}
如此出家徒受施라 必於三界[80]出頭難하리라

^{기 십} ^{거 중 중} ^{심 상 평 등}
其十은 居衆中하여 心常平等이어다

^{할 애 사 친} ^{법 계 평 등} ^{약 유 친 소} ^{심 불 평}
割愛辭親은 法界[81]平等[82]이니 若有親疏면 心不平

^등 ^{수 부 출 가} ^{하 덕 지 유}
等이라 雖復出家나 何德之有리요

^{심 중} ^{약 무 증 애 지 취 사} ^{신 상} ^{나 유 고 락 지}
心中에 若無憎愛之取捨[83]하면 身上에 那有苦樂之

譏[기] (면전에서) 나무라다. 毁[훼] 헐다, (뒤에서) 욕하다.
讚[찬] (면전에서) 칭찬하다, 기리다. 譽[예] (뒤에서) 기리다, 칭찬하다.
終[종] 다되다, 완료되다. 朝[조] 아침, 오전, 날(낮), 종일.
竟[경] 다하다, 드디어. 昏[혼] 어둡다, 정신이 흐리멍텅해지다.
沈[침] 가라앉다, 빠지다. 徒[도] 무리, 헛되다. 割[할] 가르다, 끊다.
辭[사] 이별하다. 親[친] 양친, 친하다. 疏[소] 트이다, 소원하다.
復[복] 돌아오다, 뒤집다, 실천하다, 이행하다.

하리오. 게송으로 이른다.

날이 다가도록 남의 장단점을 어지러이 말하다가
결국 밤이 되면 몽롱하여 잠만 즐기게 되나니
이와 같은 출가는 헛되이 시주만 받는 것이니
반드시 삼계에서 벗어나기 어려우리라.

열째: 대중 생활에서 마음은 항상 평등해야 한다.

애정을 끊고 부모를 떠나는 것도 법계가 평등해서인데, 만일 친하다든가 소원하다든가 함이 있다면 마음이 평등치 못한 것이라. 설령 출가를 결행하였더라도 무슨 덕이 있겠는가?

마음속에 미워하고 사랑하고 취하고 버림이 없다면 자신에게 어찌 고락의 성함과 쇠함이 있겠는가. 평등한 성품에는 본래 너

---

[77] 譏毁讚譽何憂何喜[기훼찬예하우하희] 기신론(起信論)에서는 이견(二見) 곧 양극단에 치우쳐 번뇌를 야기시키는 번뇌팔풍(煩惱八風)에 대하여 '불희(不喜)·부진(不瞋)'하라고 이른다.
　불희(不喜): 이(利), 예(譽), 칭(稱), 락(樂)
　부진(不瞋): 쇠(衰), 훼(毁), 기(譏), 고(苦)
[78] 終[종] '부사로서 일정한 기간 동안', '…중 내내'라고 해석한다.
[79] 竟[경] 부사로서 일정한 시간이 지나 마지막으로 나타난 결과를 나타내며 '마침내', '결국', '결국' 등으로 해석한다.
[80] 三界[삼계] 생사유전(生死流轉)이 그침 없는 중생계를 욕계(欲界)·색계(色界)·무색계(無色界)의 셋으로 분류한 것.
[81] 法界[법계] 진리의 세계, 의식의 대상인 모든 사물을 의미하며, 진여(眞如) 또는 일체 모든 법을 말함.

盛衰^리_요 平等性中_에 無彼此^하_고 大圓鏡上_에 絶親疏^니_라

三途出沒_은 憎愛所⁸⁴纏^이_요 六道⁸⁵昇降_은 親疏業

縛^{이니}_라 契心平等^하_면 本無取捨_니 若無取捨_면 生死何

有^리_요 頌曰

欲成無上菩提道^인_댄 也⁸⁶要常懷平等心^{이어}_다

若有親疏憎愛計^{87하}_면 道加遠兮⁸⁸業加深^하_{리라}

主人公_아

沒[몰] 가라앉다, 잠기다. 纏[전] 얽히다, 묶다. 昇[승] 오르다.
降[강] 내려오다. 縛[박] 묶다, 동여매다.
契[계] 맺다. 捨[사] 버리다. 兮[혜] 어기조사. 加[가] 더욱.

와 내가 없고 아주 깨끗한 거울에서는 친하고 소원함이 없다.

　삼악도를 드나듦은 미워함과 사랑함의 정에 얽혔기 때문이요, 육도에 끊임없이 오르내림은 친함과 소원함의 업연에 묶였기 때문이다. 마음이 평등에 계합하면 본래 취함과 버림이 없는 것이니, 취함과 버림이 없다면 태어남과 죽음인들 어찌 있겠는가. 게송으로 이른다.

더 이상 없는 깨달음의 도를 이루려 한다면,
항상 평등한 마음을 품음이 중요하다.
친하다, 소원하다, 미워하다, 애착하다의 꾀함이 있으면
도(道)는 멀어지고 업(業)은 더욱 깊어지리라.

주인공아!

---

[82] 平等[평등] 친소(親疏)·애증(愛憎) 등의 양변(兩邊)에 치우쳐 보이는 세계가 실은 일여(一如)이고 불이(不二)인 평등한 세계의 개념.
[83] 憎愛取捨[증애취사] '미워하고 좋아하며, 취하고 버리는' 번뇌를 야기하는 양극단적 견해.
[84] 所[소] 뒤에 오는 동사를 피동태로 전환시켜 동사를 형용사로 전성시키는 역할을 한다.
[85] 六道[육도] 육취(六趣)라고도 하며, 중생이 생전에 한 행위에 따라서 저마다 가서 머물게 된다는 장소를 여섯 가지로 나누어 가리키는 것. 지옥도·아귀도·축생도·아수라도·인간도·천상도를 이른다.
[86] 也[야] 발어사. 해석하지 않는다.
[87] 計[계] '계교심(計較心)'을 뜻한다.
[88] 兮[혜] 어기조사로서 문장 중간에 쓰여 음조를 상승시키고 있다. 해석은

汝値人道함이 當⁸⁹如盲龜遇木⁹⁰이어늘 一生幾何⁹¹건대

不修懈怠오

人生難得이요 佛法難逢이라 此生失却⁹²면 萬劫難遇니 須持十門之戒法하야 日新勤修而不退하고 速成正覺⁹³하여 還⁹⁴度衆生하라

我之本願은 非謂汝獨出生死大海라 亦⁹⁵乃⁹⁶普爲衆生也니 何以故⁹⁷오 汝自無始以來로 至于今

値[치] 값, 만나다. 龜[귀] 거북. 懈[해] 게으르다. 怠[태] 게으르다.
逢[봉] 만나다. 遇[우] 만나다. 日[일] 날마다. 還[환] 복귀하다, 더욱.
度[도] 건네다, 제도하다. 獨[독] 홀로, 유독. 于[우] …에.

그대가 인도(人道)를 만난 것은 (그때가) 눈먼 거북이가 (아득한 바다에서) 구멍 뚫린 널판지를 만나듯 한 귀하디귀한 시간이거늘 한평생이 얼마나 된다고 닦지 않고 게으름을 피우는가?

사람의 삶은 얻기 어렵고 부처님 법은 만나기 어렵다. 이번 생에서 잃어버린다면 만 겁을 지나도 만나기 어려우리니, 부디 이 열 가지 문을 수지하여 날로 새롭게 부지런히 수행하며 물러나지 말고, 속히 정각을 이루어 중생을 제도해야 할 것이다.

나의 본래 서원은 그대만 홀로 생사의 대해에서 나오라고 이르는 것이 아니라 [이에] 널리 중생을 위하라는 것이다. 무슨 까닭인가? 그대 스스로 알 수 없는 옛적부터 금생에 이르기까지, 항상 사생(四生)을 만나 나고 죽을 때마다 다 부모를 의지해 나

하지 않는다.
[89]當[당] 부사로서 전치사 역할을 하며, 시간을 나타내고 조성된 결구는 부사어가 된다. 해석할 필요는 없다.
[90]盲龜遇木[맹귀우목] 『열반경』에서 '사람은 세상에 태어나기 어렵고 또 부처님이 계신 세상을 만나기 어려운 것이 마치 대해(大海) 가운데서 눈먼 거북이가 물에 뜬 구멍 뚫린 널판지를 만나 그 구멍에 머리를 들이미는 것과 같다'고 한 비유.
[91]幾何[기하] 얼마, 몇.
[92]却[각] 결과보어. 동작이 완료됨을 나타낸다.
[93]正覺[정각] 무상정등정각(아뇩다라삼먁삼보리)의 약자.
[94]還[환] 부사로서 정도가 한층 깊음을 나타내며 '더욱'으로 해석하거나 해석하지 않기도 한다.

生히 恒値四生⁹⁸하여 數數往還함이 皆依父母而出沒
也ㄹ새

故로 曠劫父母 無量無邊하니 由是⁹⁹觀之¹⁰⁰컨대 六道

衆生이 無非是汝多生父母라

如是等類咸沒惡趣하여 日夜에 受大苦惱하나니

若¹⁰¹不拯濟면 何時出離리요 嗚呼哀哉라 痛纏心腑로다

千萬望汝하노니 早早¹⁰²發明大智하여 具足神通之

恒[항] 항상. 數[삭] 자주. 往[왕] 가다, 세상을 떠나다.
還[환] 돌아오다, 다시 태어나다. 値[치] 만나다. 數[삭] 자주.
曠[광] 넓다, 멀다. 咸[함] 다, 모두. 沒[몰] 빠지다.
拯[증] 건지다, 구조하다. 濟[제] 건너다, 나루. 嗚[오] 탄식소리.
痛[통] 아프다. 纏[전] 얽다. 腑[부] 장부, 오장육부.
早[조] 이른 아침, 새벽, 때가 오기 전에, 미리.

고들기 때문이다.

그러므로 세세생생에 부모되었던 이가 한량없고 가없으니, 이로 미루어 본다면 육도의 중생이 그대의 다생에 걸친 부모 아니었음이 없는 것이다.

이와 같은 무리들이 다 악취에 빠져서 밤낮으로 큰 고통을 받으니, 만일 건져내지 않는다면 어느 때나 벗어나겠는가? 오호라! 슬프고 애닮도다. 아픔이 마음을 얽어매는구나.

천번만번 그대에게 바라노니, 어서 속히 큰 지혜를 밝혀서 신통한 힘과 자재한 방편의 권도(權道)를 구족하여 속히 큰 파도

---

[95]亦[역] 어기조사로서 문장의 첫머리나 중간에 쓰이며 뜻은 없다.
[96]乃[내] 어기조사로서 뜻을 강조하며 해석할 필요는 없다.
[97]以故[이고] 접속사로서 결과나 결론을 나타내며 '…때문에', '…의 까닭은'이라고 해석한다.
[98]四生[사생] 생물이 태어나는 네 가지 형태로서 태생(胎生)·난생(卵生)·습생(濕生)·화생(化生)이 있으며 특히 화생은 업력(業力)에 의해 전생하는 천인(天人)과 지옥중생과 중유(中有)의 유정(有情)을 말한다.
[99]由是[유시] 윗글을 이어받아 그 판단을 서술하는 말.
[100]之[지] 지시대사.
[101]若[약] 만일 …라면. 가정형에서 조건을 나타낸다.
[102]早早[조조] 일찌감치, 빨리.

力하며 自在¹⁰³方便之權¹⁰⁴하여 速爲洪濤之智楫하여 廣度
欲岸之迷倫이어다
君不見가 從上諸佛諸祖ㅣ 盡是昔日에 同我
凡夫러니 彼旣丈夫요 汝亦爾니 但不爲也언정 非不
能也니라
古曰 道不遠人이라 人自遠矣¹⁰⁵라하며 又云 我欲仁이면
斯¹⁰⁶仁至矣¹⁰⁷라하시니 誠哉¹⁰⁸라 是言也여

洪[홍] 큰물, 크다. 濤[도] 큰 물결, 물결치다.
楫[즙] 노, 배 젖는 도구. 廣[광] 넓다, 널리. 倫[륜] 윤리, 무리.
君[군] 그대. 從[종] …로부터. 是[시] 계사, …이다. 昔[석] 옛날.
我[아] 우리. 爾[이] 너, 그. 爲[위] 하다. 欲[욕] 하려하다.
斯[사] 이, 곧.

에서 지혜의 노가 되어 욕심 많은 세상의 미욱한 무리들을 널리 제도할지어다.

그대는 보지 못했는가? 옛부터 모든 부처님과 조사들도 모두 옛날에는 우리와 같은 범부였는데, 그 분들은 이미 대장부가 되었다. 그대 또한 그러하니, 다만 하지 않을 뿐이지 하지 못하는 것이 아니다.

옛사람이 이르기를 '도가 사람을 멀리하는 것이 아니라 사람이 스스로 (도를) 멀리 하는 것이다'고 하였으며, 또 이르기를 '내가 어질고자 하면 그렇다면 곧 어짊에 이를 것이다'고 하였으니, 진실되도다. 옳은 말씀이여!

---

[103] 自在[자재] 구속이나 방해가 없이 자유로움. 자유자재.
[104] 方便之權[방편지권] 권방편(權方便), 선권방편(善權方便)이라고도 한다. '방편'과 '권'은 같은 뜻을 다르게 표현한 말이다. '방편'은 범어 upāya의 역어이다. '접근하다', '도달하다'의 뜻이다. 차별의 사상(事象)을 알아서 중생을 제도하는 지혜이며, 진실한 가르침으로 인도하기 위해 잠정적으로 마련한 법문(法門)을 가리킨다.
[105] 矣[의] 구말어기사로서 상황을 반영하며 '완성, 추측, 필연'을 나타낸다. '이미 그러하다', '…이다', '…함 것이다'로 해석한다.
[106] 斯[사] 접속사로서 앞문장을 이어 받고, 조선을 나타내는 복문의 주문 첫머리에 쓰이고 '곧', '그렇다면', '그렇다면 …곧'이라 해석한다.
[107] 我欲人 斯仁至矣[아욕인 사인지의] 이 글은 '논어 술이편 제 7-30'의 인용문이다.

若[109]能信心不退면 則[109]誰不見性成佛이리요

我今證明三寶하삽옵고 一一戒汝하노니 知非故犯하면 則

生陷地獄이리라 可不愼歟[110]며 可不愼歟아 頌曰

玉兎[111]昇沈催老像이요 金烏[112]出沒促年光이로다

求名求利如朝露요 或苦或[113]榮似夕烟이로다

勸汝慇懃[114]修善道하노니 速成佛果濟迷倫이어다

今生若不從斯語하면 後世當然恨萬端하리라

故[고] 일부러, 짐짓. 犯[범] 범하다, 어긋나다. 陷[함] 빠지다, 떨어지다.
愼[신] 삼가다. 兎[토] 토끼. 昇[승] 오르다. 沈[침] 가라앉다.
催[최] 재촉하다. 像[상] 형상. 促[촉] 재촉하다, 다가오다.
露[로] 이슬, 젖다. 榮[영] 꽃, 꽃이 피다, 영화. 烟[연] 연기.
勸[권] 권하다, 권장하다. 慇[은] 은근하다, 친절하다.
懃[근] 은근하다, 친절하다. 濟[제] 건네다, 구제하다.
迷[미] 망설이다, 미혹하다, 헤매다. 若[약] 만일 …하다.
從[종] 좇다, 따르다. 斯[사] 이. 端[단] 바르다, 실마리, 갈래.

만일 믿는 마음이 물러서지 않는다면 누구인들 자성을 보아 성불하지 못하겠는가?

내 이제 삼보전에 증명하옵고 하나하나 그대에게 경책하노니, 그른 줄 알면서도 짐짓 범한다면 산 채로 지옥에 떨어지고 말 것이라. (그러하니) 삼가지 않을 수 있겠느뇨? (진정) 삼가지 않을 수 있겠느뇨? 게송으로 이른다.

달은 뜨고 지며 늙은 모습을 재촉하고,
해는 오고 가며 세월을 재촉하누나.
명리를 구함은 마치 아침나절 이슬과 같고,
괴롭다거나 영화로움은 저녁나절 연기와 같도다.
그대에게 은근히 선도 닦기를 권하노니,
속히 불과(佛果)를 이뤄 미욱한 무리들을 제도하라.
금생에 이 말을 따르지 않는다면
다음 세상에서는 당연히 한스러움이 만 갈래나 되리라.

[108]哉[재] 감탄어기사 '…하구나', '…이구나'로 해석한다.
[109]若…則 […약…즉…] 고정격식으로 가정형의 대표적 호응 접속사이며 '만일 …하면 …하다'로 해석한다.
[110]歟[여] 구말어기사로서 문장 끝에 쓰여 반문을 나타내며 '…인가', '…하는가' 정도로 해석한다.
[111]玉兎[옥토] 달의 딴 이름. 달 속에 토끼가 방아 찧고 있다는 전설에서 온 말.
[112]金烏[금오] 해의 딴 이름. 삼족오(三足烏)라고도 한다. 태양 속에 세 발 가진 까마귀가 산다는 전설에서 온 말.
[113]或[혹] 대사(代詞)로서 특정짓지 않는 '어떤 경우'나 '간혹' 등의 뜻으로 쓰인다.
[114]慇懃[은근] 정성을 다함이 남모르게 살뜰함. 친절함.

悟道歌

경허 스님 「약보略譜」

　사師의 성은 송宋씨이며 법명은 성우惺牛요, 처음 이름은 동욱東旭이고 호는 경허鏡虛이며 여산礪山 사람이다. 지금(1918.9.2)으로부터 94년 전 기유년 8월 24일 전주全州 자동리子東里에서 태어났는데 아버지는 두옥斗玉이요, 어머니는 밀양 박朴씨였다. 태어난 후 사흘 동안 울지 않으니 사람들이 다 이상하게 여겼다.

　일찍이 아버지를 여의고 9세 때 어머니를 따라 서울에 올라와선 광주군 청계사淸溪寺에 맡겨져 계허桂虛 대사에 의해 축발祝髮하고 계戒를 받았다. (나이들면서) 일의일발一衣一鉢의 텅빈 마음으로 소연蕭然히 운수행각하고도 싶었으나 나뭇지게 지고 물을 길으며 부처님을 공양하고 스승을 모시기에 자신을 위하여 마음대로 독서할 겨를도 없었다.

　14세 때였다. 마침 절에 어느 선비가 머물렀다. 그는 여름을 지내면서 여가 때마다 공부를 하는데 (사가) 지나치며 보게 되면 외워버리고 듣게 되면 문리文理를 해석할 정도로 크게 진척되었다. 얼마 안되어 계허 스승이 환속하면서 사師를 대성시키지 못함을 애석하게 여기고 편지를 써서 계룡산 동학사 만화萬化 강백에게 추천하였다. 사는 만화 강백의 처소에서 일대시교一大時敎를 수료하였다. 공부를 하는 데 한가하지도 않고 바쁘지도 않았다. 다른 사람이 하나를 하면 자신은 열을 하게 되고, 다른 사람이 열을 하게 되면 자신은 백을 하게 되어 내외전內外典을 널리 섭렵하였는데 정통하지 않은 것이 없어서 명성이 팔도에 떨쳤다.

　23세 때에 대중들이 갈망하여 동학사에서 개강開講하니 사방의 학인들이 물밀듯이 동학사로 모여들었다.

31세 때 여름에 사는 문득 계허 스승이 앞서 권속으로 아껴주던 정분을 생각하고선 한번 찾아뵈려 대중들에게 이르고 길을 나섰다. 중도 (천안 인근)에 갑자기 폭풍과 소나기를 만나 황급히 촌가村家에 들어가 풍우를 피하려 하였다. 그러나 주인이 급박하게 쫓아내며 허락하지 않았다. 한 마을 수십 집이 집집마다 다 그러했다. 그 연유를 묻자 "지금 전염병이 크게 치성熾盛하여 병에 걸리기만 하면 서있다가도 죽어나니 어찌 감히 손님을 맞이하겠습니까?"하고 대답하는 것이었다.

사는 그 말을 듣고 심신心神이 두려워 떨렸는데 마치 삶이 죽음의 절벽에 부딪힌 듯한 느낌을 받으며 문자文字가 생사生死문제를 면하게 할 수 없음을 불현듯 깨달았다. 곧바로 보리심菩提心을 일으켜 동학사로 돌아온 후 학인들을 해산시켰다.

즉시 폐문하고 단좌端坐하여 오로지 영운靈雲 선사의 '여사미거 마사도래驢事未去 馬事到來'란 화두를 참구하며 허벅지를 찌르고 머리를 두드려서 수마睡魔를 물리쳤다. 일념一念의 만년萬年이요, 만년萬年의 일념一念으로 상즉相卽하여 은산철벽銀山鐵壁을 대하고 앉아 이같이 세 달을 하니 만기萬機(마음의 온갖 기근)가 이미 익었다.

이 무렵 (귓전에 흘러든) 어느 납승의 "소가 되더라도 콧구멍을 뚫을 곳이 없다는 것은 무슨 말이냐?"는 말에 사는 "언하言下에 대지가 평평하다가 푹 꺼지고, 물아구망物我俱忘하며, 백천법문百千法門의 무량한 묘의妙義가 그대로 얼음 녹듯이 녹아버림을 느꼈다."

때는 바로 기묘己卯(1939)년 동짓달 보름쯤이었다. 이로부터 육신을 초탈超脫하여 조그만 일에도 매이지 않고 임운등등任運騰騰하고 유유자적悠悠自適하였다.

32세 때 홍주洪州 천장암天藏庵에 주석하면서 대중에게 설법할 적에 특별히 전등傳燈의 연원을 밝혔는데 곧 당신은 용암龍巖 화상에게서 법을 이었으니 청허휴정淸虛休靜으로부터 7세손이 된다고 하였다. 그 때부터 홍주의 친정집과 시산瑞山의 개심사開心寺와 부석사浮石寺 등지를 오가면서 어떤 때는 명상하고 좌선하며 어떤 때는 사람들을 위하여 설법하면서 선풍禪風을 크게 떨쳤다.

51세에 합천 해인사海印寺에 가니 절에서는 마침 칙명의 인경印經 불사와 새로 수선사修禪社를 설치하는 일이 있었다. 대중들이 사를 추대하여 법주法主가 되었다.

54세에 동래 범어사梵魚寺 금강암金剛庵과 마하사摩訶寺의 나한羅漢 개분改粉 불사의 증명이 되었다.

56세에 오대산과 금강산을 지나 안변 석왕사釋王寺에 도착하여 오백 나한 개분불사의 증명이 되었다. 그 후 세상을 피하고 이름을 숨기고자 갑산甲山, 강계江界 등지에 잠적하였다. 스스로 난주蘭洲라 호를 짓고 머리를 길러 유관을 쓰고 바라문신을 드러내었으며 만행두타萬行頭陀하고 흙탕물에도 들어가 인연 따라 행화行化하였다.

64세 때 임자壬子년 4월 25일 병 없이 갑산 웅이방熊耳坊의 도하동道下洞에서 입적하니 법랍法臘이 56세시다.

이상의 약보畧譜는 자세히 전해진 것이 아니다. 다만 뒷사람들에 의해 기록된 부분들과 내가 평소에 들은 자료들인데 혹시 빠지고 흘려버린 것들이 있을 것이기에 '약보'라 하였으니 독자들의 양해를 바랄 뿐이다.

한용운韓龍雲 찬

悟道歌
_{오 도 가}

鏡虛 惺牛 述

四顧無人_{이라} 衣鉢[1]誰傳_가
_{사 고 무 인   의 발 수 전}

衣鉢誰傳_가 四顧無人_{이로다}
_{의 발 수 전   사 고 무 인}

春山花笑鳥歌_{하며} 秋夜月白風淸_{하도다} 正恁麽[2]時_{에서}
_{춘 산 화 소 조 가   추 야 월 백 풍 청   정 임 마 시}

幾唱無生[3]一曲歌_{인언만} 一曲歌_여 無人識_{이어라}
_{기 창 무 생 일 곡 가   일 곡 가   무 인 식}

時耶[4]_아 命耶_아 且[5]奈何[6]_{릿고} 山色文殊眼_{이요} 水聲觀
_{시 야   명 야   차 내 하   산 색 문 수 안   수 성 관}

顧[고] 돌아보다. 鉢[발] 발우(鉢盂), 바리때, 바루. 誰[수] 누구.
笑[소] 웃다, 빙그레 웃다. 正[정] 바로. 恁[임] 이같이, 이같은.
麽[마] 속어에 쓰이는 의문어기사. 幾[기] 기미, 때(=期).
唱[창] 노래를 부르다.

도를 깨치고 부르는 노래

경허 성우 지음

이리저리 둘러보아도 사람이 없으니
가사와 바루는 누구에게 전하랴.
가사와 바루는 누구에게 전하랴.
이리저리 둘러보아도 사람이 없도다.

봄동산엔 꽃들이 화사한데 뭇새들 노래부르고, 가을밤엔 달도 밝고 바람은 서늘하도다. 바로 이러한 시절에 무생법인(無生法忍)의 노래 한 곡을 몇 번이나 부르건만, 이 한 곡조 노래여! 아는 사람이 없구나.

시절탓이뇨? 운수가 그러하뇨? 아하 어찌하랴! 저 산빛은 문수보살의 눈빛이요, 흐르는 물소리는 관세음보살의 귀이고, 소

---

[1] 衣鉢[의발] 가사와 발우.
[2] 恁麼[임마] 이, 이와 같은, 저, 저와 같은, 그, 그와 같은, '恁的', '恁地'도 같다. 문어의 '如此'와 같다.
[3] 無生[무생] 분별집착으로 인한 양변(兩邊)의 망상 등에 구애되지 않는 청정한 경계.
[4] 耶[야] 구말어기사로서 의문·추측·선택을 나타낸다.
[5] 且[차] 어기조사로서 이유를 설명하거나 어구의 조화를 돕는 역할을 하며 '夫'와 비슷하고 해석할 필요가 없다.
[6] 奈何[내하] 의문부사로서 '如何'와 같으며, 방식·상황·원인 등을 묻거나 반문을 나타내며 '어떻게', '어찌', '무엇때문에' 등으로 해석한다.
[7] 張三李四[장삼이사] 중국에서 가장 흔한 성씨인 '張'씨네 셋째 아이와 '李'씨네 넷째 아이라는 뜻으로 불법의 지극한 깨달음의 당처도 일상의 모습을 떠나 따로 특정치 않음을 이르는 말.
[8] 毘盧[비로] 청정법신인 비로자나불(Vairocana)의 약자.
[9] 地[지] 처지, 처해 있는 형편.

音耳이고 呼牛喚馬是普賢이며 張三李四[7]本毘盧[8]로다 名
佛祖한고 說禪敎로다마는 何殊特地[9]生分別가 石人唱笛木
馬打睡로다

凡人不識自性하여 謂言聖境非[11]我分이라하나니
可憐하도다 此人地獄滓[10]라 回憶我前生事한니 四
生[12]六趣[13]諸[14]險路에서 長劫[15]輪廻受苦辛이 今對目

呼[호] 부르다. 喚[환] 부르다. 毘[비] 돕다. 盧[로] 화로.
殊[수] 다르다. 生[생] 내다. 笛[적] 피리. 睡[수] 졸다, 자다.
謂[위] 이르다. 分[분] 분수, 경계. 憐[련] 가련하다. 滓[재] 찌꺼기.
憶[억] 늘 생각하다, 추억하다. 趣[취] 달리다, 뜻, 취지, =途·道
諸[제] 모두, 모든. 險[험] 험하다. 輪[륜] 바퀴, 돌다.
廻[회] 돌다, 빙빙돌다. 辛[신] 맵다, 고생하다.

를 부르고 말을 부르는 것은 바로 보현보살이며, 장삼이사(張三李四)들이 다 본래 비로자나불이로다.

부처님과 조사님네 이름을 부르고 선(禪)과 교(敎)를 말한다마는, 무얼 그리 별다르게 분별심을 내는가? '돌장승이 피리를 불어대는데 목마(木馬)는 졸고 있네.'

범부는 자기자신의 본래 성품을 알지 못하여 "성인의 경계는 나의 분수가 아니다"고 말한다.

가련하구나! 이런 사람들은 지옥의 찌꺼기일 뿐이다. 나의 전생의 일을 돌이켜 추억해보니 태(胎)·난(卵)·습(濕)·화(化)의 사생(四生)과 지옥·아귀·축생·수라·인간·천취인 육도(六途)의 험한 길에서 장구한 겁(劫)동안 윤회를 거듭하며 받아온 괴롭고

---

[10]打[타] 어떤 동작을 함을 뜻하는 접두어.
[11]非[비] 부정부사로 명사나 명사구를 부정한다. '…이 아니다'라고 해석.
[12]四生[사생] 태생(胎生), 난생(卵生), 습생(濕生), 화생(化生)을 이른다.
[13]六趣[육취] 중생이 업(業)에 의하여 윤회하는 6종의 세계. 곧 지옥취·아귀취·축생취·아수라취·인간취·천상취를 말하며 육도(六途)라고도 말한다. 불교 초기에는 아수라취가 빠진 5취(5도)라 하였으나, 불멸 300년 경에 소승 20부파 중 일파인 독자부(犢子部)에서 6취를 주장한 이래 일반화되어 왔다.
[14]諸[제] 전치사로서 동작·행위의 장소·대상을 이끌어낸다. '…에게', '…에서', '…로부터' 등으로 해석한다(之於의 뜻이다).
[15]劫[겁] 범어 kalpa의 음역인 겁파(劫波)의 약자. 어떠한 시간 단위로도 잴 수 없는 무한시간. 광겁(曠劫), 영겁(永劫)이라고도 한다. '겨자겁'을 말하기도 하고 '반석겁(盤石劫)'을 말하기도 한다(불교학사전을 보라).
[16]叵耐[파내]: '叵'는 '不可'의 뜻으로 '할 수 없다', '…하지 않다'의 뜻으로 쓰이며, ①'耐(내)'일 때는 '견디다'의 동사로 쓰이며, ②'耐(능)'으로 읽을

前分明^{한대} 使人叵耐¹⁶兮¹⁷리요

幸有宿緣¹⁸일새 人而丈夫¹⁹로 出家得道^{하니} 四難²⁰之

中無一闕^{이로다}

有人爲戲言^{하건대} 作牛^{라도} 無鼻孔^{할새} 因²¹於言下^에 悟

我本心^{하니} 名亦空^{하며} 相亦²²空^{하고} 空²³虛寂處常光明^타

從此一聞卽千悟^{하니} 眼前孤明寂光土^요 頂後神

使[사] 하게 하다. 叵[파] 불가하다. 幸[행] 다행, 다행하다.
宿[숙] 묵다, 오래다. 丈[장] 어른. 得[득] 얻다, 깨치다. 闕[궐] 빠지다.
戱[희] 놀다, 희롱하다. 鼻[비] 코. 處[처] 곳.
從[종] 부터. 卽[즉] 곧. 孤[고] 외롭다. 頂[정] 정수리, 머리.

114 오도가

쓰디쓴 업보가 지금 눈앞에 대하고 보듯이 분명한데, 사람들로 하여금 (辛苦의 삶을) 견뎌 살게 할 수 없잖은가.

다행히 전세부터의 인연이 있기에 사람으로서 장부가 되어 출가하여 도(道)를 깨치니, 네 가지 얻기 어려운 것 가운데 하나도 빠진 것이 없도다.

(이렇게) 희언하는 사람이 있었다: "소가 되더라도 콧구멍 없는 소가 되지"하자, 언하(言下)에 나의 본래 마음을 깨치니 이름도 공(空)하고 상(相) 또한 공한데 공인 허적처(虛寂處)에 광명이 사무치는구나.

이로부터 한 번 들으면 곧 천 가지가 깨쳐지니 눈앞은 고월(孤月)이 밝히는 적광토(寂光土)요, 광배(光背)로 드러나는 정신

경우 '能'의 고자로서 '…할 수 있다'의 뜻으로 조동사로서 능력이나 조건을 나타낸다. 여기서는 ②의 뜻을 취한다.
[17]兮[혜] 구말어기사로서 호흡을 고르거나 글자 수를 맞추며 가벼운 감탄을 포함한다. 특별한 뜻은 없으므로 해석하지 않는다.
[18]宿緣[숙연] 전세부터의 인연.
[19]丈夫[장부] ① 다 자란 씩씩한 남자. ② 재능이 뛰어난 훌륭한 사람 ↔ 장부녀(丈夫女).
[20]四難[사난] 『법화경 방편품』에서는 다음과 같은 네 가지를 시설하였다: ①치불난(値佛難). 붓다가 계실 때를 만나기 어렵고, ②설법난(說法難). 기연(機緣)이 익숙하지 못할 때는 설법하기 어렵고, ③문법난(聞法難). 붓다의 가르침을 제대로 듣기 어렵고, ④신수난(信受難). 붓다의 가르침을 믿어 받아지니기가 어렵다.
[21]因[인] 원인을 나타내는 접속사.
[22]亦[역] 부사로서 일이나 생각 따위가 상황·조건이 바뀌더라도 변하지 않음을 나타내고 '…도', '또한'이라고 해석한다.

상금강계
相金剛界로다

사대 오음 청정신 극락국확탕 겸한빙
四大^{24}五陰^{25}淸淨身이요 極樂國鑊湯^{26}兼寒氷^{27}이요

화장찰검수 급도산 법성토 후양분퇴 대천
華藏刹劍樹^{28}及刀山^{29}이요 法性土^{30}朽壤糞堆요 大千

계의혈민첩 삼신 사지 허공급 만상 촉목본
界蟻穴蚊睫이요 三身^{31}四智^{32}虛空及^{33}萬像이라 觸目本

천진 야 대기 야 대기
天眞이어니 也^{34}大奇 也大奇로다

송풍한 사면청산 추월명 일 천여수 황
松風寒하 四面靑山이요 秋月明하니 一^{35}天如水라 黃

陰[음] 그늘. 極[극] 다하다. 鑊[확] 가마, 죄인을 삶아 죽이는 형구.
湯[탕] 끓인 물, 끓이다. 兼[겸] 겸하다, 아울러, 함께.
寒[한] 차다, 춥다. 氷[빙] 얼음. 華[화] 꽃, 화려하다.
藏[장] 감추다, 저장하다, 곳간. 刹[찰] 절, 국토. 劍[검] 칼(양날).
及[급] …와 (과). 刀[도] 칼(한날). 朽[후] 썩다. 壤[양] 흙, 땅.
糞[분] 똥. 堆[퇴] 언덕, 흙무더기. 蟻[의] 개미. 穴[혈] 구멍.
蚊[민] 모기. 睫[첩] 속눈썹. 觸[촉] 닿다, 접촉되다.
奇[기] 기이하다. 寒[한] 시원하다, 쓸쓸하다. 如[여] 마치 …같다.

계는 금강반야의 세계로세.

　지(地)·수(水)·화(火)·풍(風)의 사대(四大)와 색(色)·수(受)·상(想)·행(行)·식(識) 오음(五陰)의 허망성이 바로 청정법신이요, 극락국토는 확탕지옥과 한빙지옥이요, 화장세계는 검수지옥과 도산지옥이요, 법성토(法性土)는 썩은 흙과 똥무더기요, 삼천대천세계는 개미굴이며 모기의 속눈썹이요, 삼신(三身)과 사지(四智)는 저 허공과 만상삼라(萬像森羅)인지라, 눈길이 닿는 곳은 본래 천연한 진여(眞如)이니 너무 기이하구나! 너무 기이해!

　솔바람이 시원하니 사방이 청산이요, 가을달이 밝으니 온하늘은 물같이 푸르구나. 노란꽃 푸른대나무와 앵무새의 지저귐, 제

---

[23]空[공] 범어 śūnyata (空性)의 번역어. 일체의 법(法)은 인연(因緣)을 따라서 생겨난 것이므로 거기에 아체(我體)나 본체(本體)나 실체(實體)라 할 만한 것이 없음을 공(空)이라 말한다.
[24]四大[사대] 만유(萬有)의 물질을 구성하는 네 가지 원소. '大'란 원소(元素)의 뜻. 지대(地大), 수대(水大), 화대(火大), 풍대(風大)를 말한다.
[25]五陰[오음] 오온(五蘊)의 다른 표현. 온(蘊)은 범어 'skandha'의 번역으로 '모이다'의 뜻이다. 색온(色蘊)은 물질, 수온(受蘊)은 느낌, 상온(想蘊)은 표상, 행온(行蘊)은 의지, 식온(識蘊)은 마음으로서 물질계와 정신계의 양면에 걸쳐 인연에 의해 생기는 유위법(有爲法)을 가리킨다.
[26]鑊湯[확탕] 확탕지옥을 이르며 '끓는 가마솥에 삶겨지는 고통을 받는 지옥'이다.
[27]寒氷[한빙] 한빙지옥을 이르며 '쉴새없이 찬바람이 불어 오고 찬 얼음으로 고통을 주는 지옥'이다
[28]劍樹[검수] 검수지옥을 이르며 '가지·잎·꽃·열매가 모두 칼로 되어 있는' 16 소지옥의 하나.

花^화翠^취竹^죽鶯^앵音^음燕^연語^어|常^상然^연大^대用^{용 36}하여 無^무處^처不^불現^현이로다

市^시門^문天^천子^자인들 何^하須^{수 37}取^취오 平^평地^지上^상波^파濤^도요 九^구天^{천 38}玉^옥

印^인이로다 眞^진怪^괴在^{재 39}로다 觸^촉髏^루裏^리眼^안睛^정이여 無^무量^량佛^불祖^조 常^상現^현

前^전하나니 草^초木^목瓦^와石^석 是^시華^화嚴^엄法^법華^화로다

我^아常^상說^설하노니 行^행住^주坐^좌臥^와 是^시無^무佛^불無^무衆^중生^생일 是^시我^아非^비

妄^망言^언이니라 變^변地^지獄^옥하여 作^작天^천堂^당이 摠^총在^재我^아作^작用^용이며 百^백千^천法^법

翠[취] 푸르다, 비취색. 鶯[앵] 앵무새. 燕[연] 제비.
濤[도] 큰 물결, 물결치다. 怪[괴] 기이하다. 髑[촉] 해골.
髏[루] 해골. 裏[리] 안, 속. 睛[정] 눈동자. 瓦[와] 기와.
坐[좌] 앉다. 臥[와] 눕다.
變[변] 변하다. 獄[옥] 감옥. 作[작] 이루다, 성취하다. 摠[총] 모두.
在[재] 자유자재하다.

비의 지지배배소리는 항상 그렇게 대용(大用)하여 드러나지 않는 곳이 없도다.

  세간의 천자(天子)가 되라 한들 어찌 취하겠는가? 평지에 이는 파도요, 저 구천(九天)에 있는 옥도장이로다. 참으로 괴이하구나. 해골 안에 있는 눈동자여! 한량없는 부처와 조사들이 늘상 눈앞에서 거닐고 있으니 풀이나 나무들, 기왓장이나 돌들이 바로 화엄(華嚴)이요, 법화(法華)의 모습일세.

  나는 항상 설하노니, 행주좌와(行住坐臥)에는 따로 부처도 없고 중생도 없음을. 이는 나의 망령된 말이 아니다. 지옥이 변하여 천당이 이뤄지니 모두 자유자재한 나의 작용이며, 백천 법문(法門)의 무량한 뜻은 흡사 꿈에서 깨는 것이 연꽃이 피는 것과

---

[29] 刀山[도산] 도산지옥을 이르며 '칼이 솟아 있는 산을 밟고 가는 고통을 겪는 지옥'이다.
[30] 法性土[법성토] 여래의 청정한 법성법신(法身)이 머무는 국토.
[31] 三身[삼신] 불신(佛身)을 셋으로 나누어 '법신(法身), 보신(報身), 화신(化身) 또는 응신(應身)'을 이른다.
[32] 四智[사지] 대원경지(大圓鏡智), 평등성지(平等性智), 묘관찰지(妙觀察智), 성소작지(成所作智)를 말한다. (불교학사전을 보라)
[33] 及[급] 접속사로서 병렬관계를 나타내고 '…과(와)'로 해석한다.
[34] 也[야] 부사로서 상황의 진전이나 강조를 나타내며 '또한', '…도'라고 해석한다.
[35] 一[일] 부사로서 전체를 개괄하며 '모두', '전부'라고 해석한다.
[36] 大用[대용] 대기대용(大機大用)의 한 쪽 말. 기(機)와 용(用)이 함께 움직여 거리낌 없이 크고 원활하게 활동하는 것.
[37] 須[수] 조동사로서 이와 같이 해야 하는 것을 나타내고 동사 앞에 쓰이며 '마땅히 …해야 한다', '반드시 …하다'라고 해석한다.

^{문 무 량 의} ^{흡 사 몽 교 연 화 개}
門無量義ㅣ 恰似夢覺蓮華開로다

^{이 변 삼 제 하 처 멱} ^{시 방 무 외 대 광 명} ^일
二邊[40]三際[41]何處覓가 十方[42]無外大光明이로다 一

^{언 이 폐 지 호} ^{아 위 대 법 왕} ^{어 법 총 자 재}
言而蔽之[43]乎[44]면 我爲[45]大法王이라 於[46]法摠自在로다

^{시 비 호 오} ^{언 유 가 애}
是非好惡[47]에 焉有罣礙오

^{무 지 인 문 차 언} ^{이 아 조 허 어} ^{불 신 우 부 준}
無智人聞此言하고 以我造虛語하여 不信又不遵하되

^{약 유 천 이 객} ^{체 신 즉 무 의} ^{변 득 안 신 입 명} ^처
若有穿耳客인댄 諦信卽無疑면 便得安身立命[48]處리라

恰[흡] 마치, 꼭, 흡사. 似[사] 같다. 夢[몽] 꿈.
覺[교] (잠이) 깨다. 邊[변] 가, 극단. 際[제] 사이, 때, 시기.
覓[멱] 찾다. 蔽[폐] 덮다, 포괄하다. 惡[오] 미워하다. 焉[언] 어찌.
罣[가] 걸다, 걸리다, 본음은 '괘'. 礙[애] 거리끼다, 가로막다.
造[조] 짓다. 遵[준] 따르다, 지키다. 穿[천] 뚫다, 뚫리다.
諦[체] 살피다, 명료하게 알다. 便[변] 문득, 곧, 바로.

같구나.

 이변(二邊)과 삼제(三際)를 어느 곳에서 찾을 것인가? 시방세계는 (안과) 밖이 없이 광명만이 사무친다. 한 마디로 말하자면 '나는 대법왕(大法王)이기에 법(法)에 대하여 모두 자유자재하도다. 옳고 그름과 좋아하고 미워함에 어찌 걸리고 가림이 있겠는가?'

 지혜 없는 사람은 이 말을 듣고서 내가 헛소리를 지껄린다고 하여 믿지 않고 또한 따르지도 않겠지만, 만일 귀가 뚫린 운수객(雲水客)이라도 있어서 잘 알고 믿어 의심이 없다면 바로 안신입명처(安身立命處)를 얻을 것이다.

---

[38]九天[구천] 『광아(廣雅)』「석천(釋天)」에 동쪽은 창천(蒼天), 동남쪽은 양천(陽天), 남쪽은 적천(赤天), 서남쪽은 주천(朱天), 서쪽은 성천(成天), 서북쪽은 유천(幽天), 북쪽은 현천(玄天), 동북쪽은 변천(變天), 중앙은 균천(均天)이라 하였다. 일설에는 아홉은 양수(陽數)이니 구천은 곧 하늘을 가리킨다 하였다.
[39]在[재] 구말어기사로 단정의 어기를 나타낸다.
[40]二邊[이변] 자·타(自他), 유·무(有無), 미·오(迷悟) 등과 같이 사물을 상대적·대립적으로 생각하여 거기에 사로잡히는 집착심을 말하며, 양변(兩邊), 이견(二見)이라고도 한다.
[41]三際[삼제] 삼세(三世)의 다른 이름. 전제(前際), 중제(中際), 후제(後際)를 뜻한다.
[42]十方[시방] 동·서·남·북·사유(四維: 간방)·상·하를 말하며 간방인 사유를 빼면 육방(六方)이 된다. '十'은 차음하여 '시'로 읽는다.
[43]一言而蔽之[일언이폐지] 한 마디로 포괄하다. 논어에 "詩三百, 一言以蔽之, 曰, 思無邪: 시경의 삼백 수는 한 마디로 포괄하면 생각이 그릇됨이

奇語塵世人하노니 一失人身이면 萬劫難逢이어다 況
且⁴⁹浮命은 朝不謀夕⁵⁰하거늘 盲驢信脚行하니 安危摠不
知로다 彼如是此如是한데 何不來我學無生고 作得人
天大丈夫오

吾所以⁵¹如是 勞口再三囑컨대 曾爲浪子하여서 偏
憐客일새니라

奇[기] 기이하다, 새롭다, 특별하다, 기발하다. 塵[진] 티끌, 먼지, 속세.
失[실] 잃다. 逢[봉] 만나다. 況[황] 하물며, 더욱이. 浮[부] 뜨다, 덧없다.
謀[모] 꾀하다, 헤아리다. 夕[석] 저녁, 밤 일. 盲[맹] 눈이 멀다.
驢[려] 나귀. 脚[각] 다리. 安[안] 안전하다. 危[위] 위험하다.
摠[총] 모두, 다, 전혀. 彼[피] 저, 저기. 此[차] 이, 여기.
勞[로] 일하다, 힘쓰다, 애쓰다. 口[구] 말하다. 囑[촉] 당부하다.
曾[증] 일찍, 일찍이. 爲[위] …이 되다. 浪[랑] 물결, 떠돌아 다니다.
偏[편] 치우치다, 오로지. 憐[련] 가엾게 여기다. 客[객] 나그네.

각별히 세상 사람들에게 한 말씀 하노니 '한 번 사람 몸[身]을 잃어버리면 만겁을 지내더라도 만나기 어려울 것이다. 더구나 덧없는 목숨[命]은 아침에 저녁일을 알 겨를이 없는데 저 눈먼 나귀는 제 다리만 믿고 걸어가나 안전한지 위험한지 전혀 모르는구나. 저기도 이와 같고 여기도 이와 같은데 어찌 나에게 와서 무생일곡가(無生一曲歌)를 배우지 않는가? 어찌 나에게 와서 인천(人天)의 대장부가 되려하지 않는가?'

　내가 이와 같이 애써 입을 놀려 두 번 세 번 당부하는 것은 일찍이 방랑자가 되어 보았기에 오로지 운수객을 가련히 여기기 때문에서이다.

없음을 말한다." '之'는 지시대사. 『논어』에는 '而'가 '以'임.
[44]乎[호] 구말어기사로서 문장의 끝에 쓰여 잠시 쉬는 느낌을 나타낸다. 이 경우 해석하지 않는다.
[45]爲[위] 동사 '하다'에서 파생되어 '…이다'로 해석한다.
[46]於[어] 전치사로서 동작행위와 관계 있는 대상을 나타내고 '…에 대하여', '…을', '…을 위하여', '…와 같이' 등으로 해석한다.
[47]是非好惡[시비호오] "옳고 그름과 좋아하고 미워함의 전형적인 이변심(二邊心)이다.
[48]安身立命[안신입명] 천명(天命)이 돌아가는 곳을 알아 몸을 세움으로 마음에 조심하고 번뇌하는 바가 없는 일.
[49]且[차] 어기조사로 쓰여 해석하지 않는다.
[50]朝不謀夕[조불모석] 아침에는 저녁때 일을 생각하고 있지 않다는 뜻으로 '일이 절박하여 여유가 없음'을 이르는 말.
[51]所以[소이] 접속사로서 결론을 나타내고 '…때문에', '…하므로'라고 해석한다. 해석 않기도 한다.

오 호 이 의 부
嗚呼已矣夫[52]라

의 발 수 전　　사 고 무 인
衣鉢誰傳가 四顧無人이라

사 고 무 인　　의 발 수 전　　송 왈
四顧無人이라 衣鉢誰傳가 頌曰

홀 문 인 어 무 비 공　　돈 각 삼 천　시 아 가
忽聞人語無鼻孔, 頓覺三千[53]是我家.

유 월 연 암 산　　하 로　　야 인 무 사　　태 평 가
六月鷰巖山[54]下路, 野人無事[55]太平歌.

顧[고] 돌아보다, 둘러보다. 忽[홀] 문득. 頓[돈] 조아리다, 갑자기, 몰록. 鷰[연] 제비. 巖[암] 바위. 歌[가] 노래하다.

오호라.
가사와 바루는 누구에게 전하랴.
이리저리 둘러보아도 사람이 없도다.
이리저리 둘러보아도 사람이 없도다.
가사와 바루는 누구에게 전하랴. 게송으로 이른다.

'콧구멍을 뚫을 곳이 없다'고 하는 사람의 말을 듣고
언하에 삼천대천세계가 내 집임을 몰록 깨쳤네.
때는 유월, 연암산 아랫녘 길 지나노라니
야인(野人)은 일없이 태평하게 노래 부르네.

[52]已矣夫[이의부] 어기사가 거듭 중복된 관용사조(慣用詞組)로 '已'는 단정을 의미하고 '矣'는 유동적인 전환을 뜻하고 '夫'는 감탄을 나타내는데 중점은 '矣'에 있다. '…하구나', '…이구나'로 해석한다.
[53]三千[삼천] 소천세계(小千世界), 중천세계(中千世界), 대천세계(大千世界)의 삼천대천세계.
[54]鷰巖山[연암산] 홍성의 천장암이 처한 산.
[55]無事[무사] 본래의 자기를 체득하여 아무 부족함이 없는 적정무위(寂靜無爲)의 세계. 인위적 조작이 없는 세계.

참고자료

- 『懸吐私記 初發心自警文』, 安震湖, 法輪社, 1982.
- 『初發心自警文·發心修行章·野雲自警』, 弘文閣, 1997.
- 『韓國佛教全書』第一·四·六·十一冊.
- 『大正新修大藏經』四十八卷.
- 金相大, 『口訣文의 硏究』, 한신문화사, 1993.
- 金元中 編, 『虛辭大辭典』, 현암사, 2003.
- 신규탁 외, 『禪學辭典』, 佛地社, 1995.
- 沈載東, 『알기 쉬운 한문해석법』, 운주사, 1999.
- 安震湖編, 『精選懸吐 緇門』, 法輪社, 1981.
- 月雲, 『대승기신론 강화』, 佛泉, 1993.
- 李誠雲, 『금강경 '우리말화'에 대한 언어학적 연구』, 東國大學校 佛教大學院 碩士學位論文, 2004.
- 李智冠, 『韓國佛教所依經典研究』, 釋林會, 1983.
- 鄭愚相·金容傑, 『漢文文型新講』, 誠信女大出版部, 1991.
- 최법혜 역주, 『고려판 선원청규 역주』, 伽山佛教文化研究院, 2002.
- 許璧, 『中國古代語法』, 신아사, 1997.
- 慧諶譯, 『선어록 읽는 방법』, 운주사, 1996.
- 『古代漢語虛詞詞典』, 商務印書館, 2004.

編譯者 일휴스님
1976년 동국대학교 불교대학 불교학과를 졸업하고, 봄에 동래 梵魚寺에서
寒山華嚴 스님을 은사로 득도.
異類中行하며 1991년 불교대학원 연구과정 수료.
2003년 6월 이래 법회연구원 원장.
2005년 3월 전통강원 京山講塾을 개원하고 강주에 취임.

初發心自警文
편역: 林一休

2005. 10. 1. 초판
2009. 11. 2. 재판
2011. 6. 25. 재판 2쇄

펴낸곳: **정우서적**
펴낸이: 이성운
실장: 청향심
편집·교정: 청향심, 박진철

서울. 종로구 수송동 두산위브 637호
전화: 02/765-2920, 011-476-2920
http://cafe.daum.net/jungwoobooks

정가 5,000원

ISBN 89-8023-098-2 13220

인식의 지평을 넓혀 주고 신행을 돕는 정우서적의 불서들

● **교리 · 의식 해설서**
- 인간학 불교(8,000원)
- 계초심학인문 새로 읽기(5,000원)
- 금강대승밀교총설(18,000원)
- 우리 불학의 길(12,000원)
- 상식에서 유식으로(7,000원)
- 붓다, 그리고 삶(4,000원)
- 한국불교유통사(15,000원)
- 불교란 무엇인가(7,000원)
- 삶과 초월의 미학 – 불화상징 바로 읽기(12,000원)
- 자네 밥은 먹었는가 – 카툰으로 읽는 벽암록(8,000원)
- 일본불교의 빛과 그림자: 일본불교평론집(10,000원)

● **국한문 대역 경서**
- 지장보살본원경(5,000원)
- 사십이장경(4,000원)
- 불교성전(30,000원)
- 부모은중경 외(4,000원)
- 천수천안관세음보살광대원만무애대비심다라니경(5,000원)

● **사경집**: 경전을 베껴 쓰며 뜻을 이해하게 하는 시리즈
- 금강경원문, 현음한문본, 한글음본, 해석본(4종 각 2,500원)
- 관세음보살보문품(2,000원)
- 보현행원품(2,500원)
- 지장보살본원경(5,000원)
- 대불정능엄신주(1,000원)
- 초발심자경문(부: 해석과 난자편, 2,500원)
- 천 수 경(2,000원)
- 아미타경(2,000원)
- 반야심경(1질 3,000원)
- 미타관음지장사불집(3,000원)

● **포켓용 독송경전 시리즈**
- 소원성취기도법(2,000원)
- 금강반야바라밀경(2,600원)
- 신행요집(12,000원)
- 신행수첩(5,000원)
- 예불지송경(2,600원)
- 팔양경 · 무상계(2,600원)

● **의식집전 · 법당용 독송집**
- 다비 · 천도작법(12,000원)
- 상용불교의식(25,000원)
- 예불지송경(2,500원)
- 불설아미타경(2,000원)
- 관음기도집(2,500원)
- 현겁천불예참(2,500원)
- 염불왕생문(12,000원)
- 상용불교의식해설(25,000원)
- 금 강 경(2,500원)
- 천지팔양경(2,000원)
- 문수기도집(2,500원)
- 백팔예불참회문(2,500원)

구입문의: 02/765-2920, 011-476-2920